에듀테크, AI 대한민국 배움중심 수업을 품다!

교실에서 바로 통하는

배움중심수업
에듀테크와 AI로
확! 잡자

에듀테크, AI의 배움중심수업 활용 결과를 학생 성장으로 증명한다!

에듀테크·AI를
활용한 배움중심
수업 실천사례

수업 모델별
배움중심수업
실천사례 분류

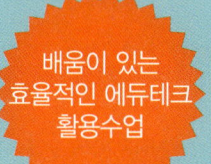
배움이 있는
효율적인 에듀테크
활용수업

에듀테크를
활용한 체험학습
운영사례

교실에서 바로 통하는
배움중심수업
에듀테크와 AI로

초판 1쇄 발행 | 2024년 06월 20일
초판 2쇄 발행 | 2024년 11월 10일

지 은 이 | 유수근
발 행 인 | 김병성
발 행 처 | 앤써북
편 집 진 행 | 조주연
주   소 | 경기도 파주시 탄현면 방촌로 548번지
전   화 | (070)8877-4177
팩   스 | (031)942-9852
등   록 | 제382-2012-0007호
도 서 문 의 | answerbook.co.kr
I S B N | 979-11-93059-28-9 13000

이 책은 저작권법에 따라 보호받는 저작물이므로 무단 전재와 무단 복제를 금하며,
이 책 내용의 전부 또는 일부를 사용하려면 반드시 저작권자와 앤써북 발행인의
서면동의를 받아야 합니다.

※ 책값은 뒤표지에 있습니다.
※ 잘못된 책은 구입한 서점에서 바꿔 드립니다.

들어가는 글

코로나19 이후 교육현장에도 디지털 대전환의 바람이 불고 있습니다. 에듀테크 기업들은 앞다투어 교육현장으로 들어오기 위해 노력하고 있습니다. 더불어 디지털 기반 교육혁신 선도학교, AI활용 맞춤형 교육 시범학교, 디지털 창의역량 실천학교 등 정책적으로도 디지털 전환과 관련된 사업들이 쏟아지고 있습니다. 그러나 이러한 전환의 바람은 한 쪽에는 불고 다른 한 쪽에는 불지않는 것처럼 보이기도 합니다. 에듀테크에 관심이 많은 일부 선생님들은 코로나19 상황이 지나갔음에도 열심히 디지털 전환에 관해 연구하고 있지만 꽤 많은 선생님들에게는 디지털 전환의 필요성과 효과성에 대해서 공감을 사지 못하고 있습니다. 대면교육 시스템으로 돌아온 지금, 굳이 에듀테크를 쓸 이유가 없다고 느끼는 분들도 계십니다. 한편으로는 에듀테크를 익히고는 싶지만 새로운 배움이 부담스럽거나 어디서부터 시작하면 좋을지 몰라 고민하기도 합니다.

이 책은 에듀테크를 반드시 써야한다라는 이야기 보다는 '에듀테크를 활용하니 학생들의 배움에도 도움이 되더라'라는 저자의 작은 경험을 나누기 위하여 쓰게 되었습니다. 무조건적으로 맥락없이 에듀테크 사용을 권유하기 보다는 에듀테크가 학생들의 배움을 촉진하는 데에 오히려 도움이 될 수 있다는 점을 말씀드리고 싶었습니다. 교육의 모든 부분에서 에듀테크를 사용하자는 것이 아니라 교실에서 이루어지는 여러 교육 중 일부분은 에듀테크를 활용하면 학습효과 및 효율성 제고를 기대해볼 수 있다는 점을 안내하고자 합니다.

2022 개정 교육과정에서는 3가지 기초 소양을 이야기합니다. 언어, 수리, 디지털 소양이 바로 그것입니다. 기초 소양이란 학생들이 미래사회에서 요구되는 역량을 갖추기 위한 기본적인 능력을 함양하기 위해 길러주어야 하는 것입니다. 언어, 수리와 함께 나란히 언급되는 디지털 소양이 그 중요성을 부각시키는 듯 합니다. 개정교육과정이 적용되는 시기

들어가는 글

부터는 초등교육에서는 34차시의 정보교육 시수를, 중등교육부터는 68시수를 확보하여 운영하게 됩니다. 물론 이 확보한 시수들을 따로 빼서 운영하는 방법을 통해서도 디지털 소양을 기르는 데에 도움이 될 수 있겠지만, 학생들의 일상으로 스며드는 디지털 소양 교육이 이루어지기 위해서는 디지털 기기 활용이 단기적인 이벤트로 끝나선 안 됩니다. 디지털 기기와 에듀테크 모두 학교생활에 껌딱지처럼 붙어서 학생들의 배움에 도움이 될 수 있도록 활용되어야 합니다.

때로는 에듀테크 활용 수업이 재미와 화려함만 남는 것이 아닌지 오해를 사곤 합니다. 이 책에서는 배움중심 철학을 베이스로 하여 에듀테크를 활용하는 방법과 사례들을 소개합니다. 보여주기식의 화려한 수업이 아니라 학생들의 배움을 놓치지 않기위해 노력한 수업입니다. 학생들의 배움을 놓치지 않기 위한 노력을 긍정적으로 지켜봐주시면 감사하겠습니다. 더불어 일상의 교실 수업속에서 에듀테크를 활용해서 루틴화 할 수 있는 요소들을 말씀드리고자 합니다. 에듀테크 프로그램을 활용하는 방법을 모든 방법을 자세하게 다루지는 못하지만 간단한 소개와 함께 활용법을 안내합니다. 책에서 소개해드리는 프로그램과 수업 방법이 선생님들께서 에듀테크를 활용한 수업에 조금이라도 더 관심을 갖는 계기가 되기를 바랍니다.

끝으로, 이 책을 쓸 수 있도록 기회를 주신 김병성 대표님에게 감사드립니다. 그리고 이 책이 나오기까지 마음 편히 작업할 수 있도록 지원해준 아내와 부모님께도 감사하고 사랑한다는 마음을 전하고 싶습니다.

유수근

추천사

에듀테크와 현대 교육에서의 변혁적 역할을 탐구하는 멋진 책입니다. 이 책은 교실에서 즉시 적용 가능한 실용적인 통찰과 하이터치 하이테크(HTHT) 중심의 혁신적인 전략을 제공하며, 교육 방법을 풍부하게 하고 학생들의 참여를 더 효과적으로 끌어내고자 하는 교육자에게 필독서입니다

동국대학교 AI융합교육전공 교수, 송은정

이 책은 에듀테크를 활용해서 학생들이 직접 수업에 참여하고 상호 작용을 통해 배움이 일어나는 실제적인 과정을 친절하게 설명합니다. 교사들이 쉽게 수업에 적용할 수 있는 에듀테크 툴을 소개하며 다양한 수업 모델을 통한 사례로 교육현장에 즉시 적용가능한 매력적인 안내서입니다.

(사)교사크리에이터협회 대표, 이준권

코로나19 이후 갑작스럽게 학교 현장에 도입된 에듀테크 활용 수업들은 학생들의 배움보다는 기법에 치우쳐져 있었습니다. 하지만 저자는 에듀테크를 활용한 배움중심 수업 실천을 위해 노력하였습니다. 이 책은 현장 교사의 눈높이에서 실질적이고 실행 가능한 전략을 제시하며, 에듀테크 활용 수업으로 학생들의 배움을 촉진시킬 수 있는 다양한 사례를 보여줍니다. 이러한 저자의 노력은 앞으로 학교 현장에서 에듀테크가 학생들의 진정한 배움을 위해 어떻게 사용되어야 하는지 고민하는 많은 선생님들에게 도움이 될 것입니다

가평 배움중심수업연구회 교사, 이현미

책 소스 다운로드 및 체험단 이용하기

이 책의 실습에 필요한 책 소스 파일과 긴급 공지 사항 및 정오표와 같은 안내 사항은 앤써북 공식 카페의 책 전용 게시판을 이용하시면 됩니다.

[책 소스 다운로드 & 정오표]

이이 책의 실습에 필요한 소스 파일은 [배움중심수업 에듀테크와 AI로 확! 잡자] 책을 보는데 필요한 소스 다운로드 전용게시판 주소 또는 QR코드로 접근한 후 안내에 따라 책소스 파일을 다운로드 받습니다. 제공될 소스가 없는 경우 파일이 제공되지 않을 수 있습니다.

▶ 책 소스 다운로드 전용게시판 바로가기
https://cafe.naver.com/answerbook/6176

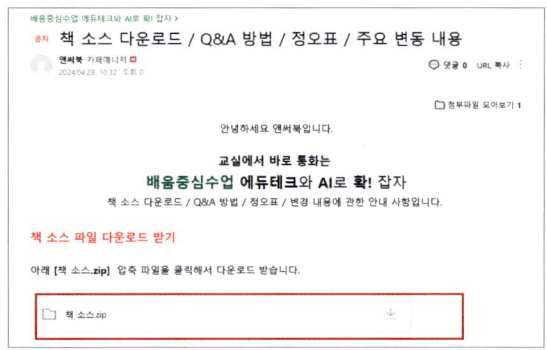

▶ 앤써북 공식 네이버 카페 https://cafe.naver.com/answerbook

- 전체 도서 목록 : 앤써북에서 출간된 전체 도서 목록을 확인할 수 있습니다.
- 종합 자료실 : 책소스, 정오표, 필독사항을 확인할 수 있는 도서별 전용게시판 링크 주소를 확인할 수 있습니다.
- 문의하기 : 책 내용 및 궁금한 사항을 문의할 수 있는 가이드를 제공합니다.
- 오탈자 제보 : 책을 보시면서 발견한 오탈자를 제보할 수 있는 공간이며, 오탈자를 제보하고 소정의 혜택이나 선물을 받을 수 있습니다.
- 견본도서/강의자료 : 교강사의 도서 채택에 필요한 견본도서 신청 방법과 PPT 강의자료를 요청할 수 있는 가이드를 제공합니다.
- 원고 투고 : 저자님의 소중한 원고나 기획안 투고 방법을 제공합니다.

[앤써북 공식 체험단 소식 받기]

앤써북에서 출간된 신간 책은 물론 책과 연관된 실습 키트 등 앤써북에서 진행하는 모든 체험 모집 안내글 소식을 편리하게 받아보실 수 있습니다.

체험단 모집 안내 게시글은 비정기적으로 등록되기 때문에 앤써북 카페 공식 체험단 모집 게시판에 접속한 후 "즐겨찾기" 버튼❶을 눌러 [채널 구독하기] 버튼❷을 눌러 즐겨찾기 설정해 놓거나 상단의 "새글 구독" 슬라이드❸를 우측으로 드래그하여 ON으로 설정해 놓으면 체험 게시판에 새로운 체험단 모집 글이 업로드되면 네이버 로그인 시 자동으로 안내받아 볼 수 있습니다.

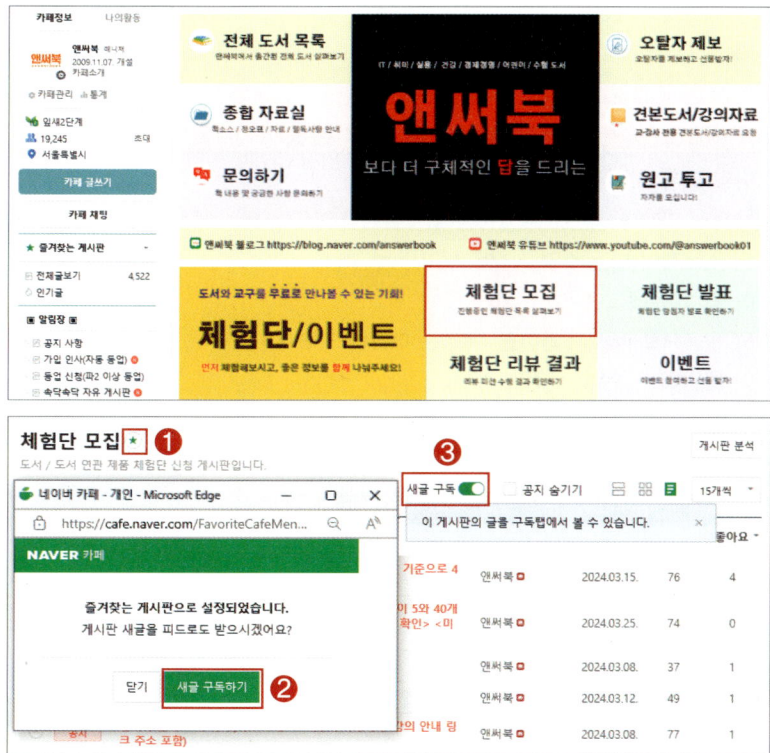

▶ 앤써북 카페 공식 체험단 모집 게시판 https://cafe.naver.com/answerbook/menu/150

▲ 체험단 바로가기 QR코드

CONTENTS

CHAPTER 01
배움중심수업 X 에듀테크

- 01-(1) 디지털 대전환과 교실 수업 · 16
- 01-(2) 배움중심수업과 에듀테크 · 18
  - 배움중심수업의 개념 · 19
  - 에듀테크가 지원할 수 있는 부분 · 19
    - 빠른 피드백 · 20
    - 시각화 · 20
    - 실시간 동시 협업 및 공유 · 21
- 01-(3) 난무하는 에듀테크, 놓치지 말아야할 것은 학생의 '배움' · 23
  - 지양해야할 에듀테크 수업 · 24
    - 학생들의 디지털 접근성과 안전성이 확보되지 않은 수업 · 24
    - 기능이 목적이 되는 수업 · 25
  - 지향해야 할 에듀테크 수업 · 26
    - 수업 활동으로 빠르게 들어갈 수 있는 에듀테크 · 26
  - 학생들이 몰입하는 수업 · 30
    - 효율적이고 효과적인 가성비 수업 · 31
- 01-(4) '집밥같은' 에듀테크 수업 · 32
  - Special Page _ 에듀테크 정보의 보고, askEdTech · 33

CHAPTER 02
에듀테크 활용 수업 전 준비하기

- 02-(1) 우리교실은 에듀테크 수업을 할 준비가 되어있을까? · 36
  - 우리교실 에듀테크 인프라 점검하기 · 36
    - 1인 1기기를 쓰는 교실의 경우 · 36

여러 교실에서 사용되는 기기의 경우 • 37
학생들과 만드는 에듀테크 수업 약속 • 39
  완료한 사람 손 무릎 • 39
  복붙 금지! 내가 이해한 내용을 적기 • 39
  출처 밝히기 • 39
  태블릿 활용 규칙 만들기 • 41

02-(2) 에듀테크 활용수업을 위한 교사의 준비 • 42
학생들이 이용할 계정 정하기 • 42
수업의 허브, LMS 구축하기 • 43
  구글 클래스룸 • 43
  마이크로소프트 팀즈 • 43
  웨일 클래스 • 44
  클래스팅 • 44
LMS 및 콘텐츠 접속경로 단순화하기 • 45
  LMS 북마크에 추가하기 • 45
  자주 사용하는 에듀테크는 잘 보이는 곳에 • 47

Special Page _ 쌓기나무 어디있지? 이제 그만! 알지오 매스(AlgeoMath) • 51

CHAPTER 03
늘 곁에 두고 사용하는 에듀테크

03-(1) 올인원 디자인 저작도구, 캔바 • 54
'캔바'의 장점 • 55
  교육용 캔바는 무료 • 55
  실시간 동시협업 및 소통 • 57
  자체 LMS 및 타사(他社) LMS와 연계 가능 • 58

CONTENTS

　　　　수업에 사용하는 '캔바' 주요 기능 • 61
　　　　　　실시간 소통 및 학습 결과물 게시의 장, 화이트보드 • 61
　　　　　　함께 배우는 공간, 슬라이드 • 63
　　　　　　피드백은 나의 힘, 댓글 기능 • 66
　　03-(2) 교사와 학생이 상호작용하는 에듀테크 활용수업, 클래스툴 • 69
　　　　'클래스툴' 소개 및 장점 • 69
　　　　클래스툴의 주요기능 • 71
　　　　　　웹링크 전송 : 웹 주소 학생에게 전송 • 71
　　　　　　콘텐츠 전송 • 71
　　　　　　OX 퀴즈 : OX 퀴즈, 찬성·반대 투표 활동 • 73
　　　　　　객관식 및 주관식 • 74
　　　　　　화이트 보드 • 74
　　　　　　통제 도구: 주의 집중 • 76
　　　　　　통제 도구: 선착순 Buzzer • 76
　　　　클래스툴로 만들어가는 배움중심 수업 • 78
　　03-(3) 과제 제출, 수합 도구, 다했니? 다했어요. • 79
　　　　'다했니? 다했어요!' 소개 및 장점 • 79
　　　　　　화려함을 빼고 딱 필요한 기능만 담다 • 80
　　　　　　상담기록과 관찰기록을 적는 디지털 교무수첩 • 81
　　　　　　AI를 활용한 업무 지원 • 82

CHAPTER 04
에듀테크와 함께 배움중심 수업 설계하기

　　04-(1) 배움중심 수업은 '방법'이 아니라 '철학' • 96
　　04-(2) 배움중심 수업이 지향하는 가치 • 97

04-(3) **배움중심 수업을 위한 에듀테크 활용계획 세우기** • 99
    성취기준 분석하기 • 99
    배움중심 수업의 원리 적용하기 • 100
    단원 흐름 구성하기 • 101
    에듀테크를 활용한 평가 및 피드백 • 102
    에듀테크로 수업 덧칠하기 • 104

04-(4) **Hop, Step, Jump! 3계단 배움중심 수업 구성하기** • 113
    Hop 생각 열기 • 114
    Step 생각 나누기 • 114
    Jump 배움 공유하기 • 116
    Special Page _ 성취기준과 평가도구의 보고, KICE 학생평가지원포털 • 117

CHAPTER 05
에듀테크를 활용 배움중심 수업 모델

05-(1) **설명식 수업 모델X에듀테크** • 120
    PPT뿐만 아니라 동영상 편집까지! 만능 디자인 저작도구, 캔바 • 120
        수업 사례 • 122
    LMS 댓글로 자신의 배움 기록하기, 클래스팅 X 태블릿 안의 지구본 구글 어스 • 124
        수업 사례 • 125

05-(2) **협동학습 모델X에듀테크** • 129
    배움을 공유하며 친구에게 배우기, 클래스팅AI X 띵커벨 보드 • 129
        수업 사례 • 131
    북크리에이터를 활용한 속담사전 만들기 • 134
        수업 사례 • 135

CONTENTS

05-(3) **토론학습 모델X에듀테크** • 137
　　게시물 색깔을 이용해 찬반 표현하기, 띵커벨 보드 • 137
　　　수업 사례 • 138

05-(4) **프로젝트학습 모델X에듀테크** • 141
　　조사 내용 정리 및 보고서 만들기, 구글 문서 • 141
　　　수업 사례 • 142

05-(5) **창의적 문제해결학습 모델X에듀테크** • 145
　　3D모델링을 활용한 배움의 표현, 틴커캐드 • 145
　　　수업 사례 • 147
　　　Special Page _ 펜으로 그리는 PDF 학습지, Kami • 149

CHAPTER 06
에듀테크로 배움을 확인하기: AI코스웨어

06-(1) **AI코스웨어란?** • 152
　　AI보조교사 • 153
　　AI튜터 • 154

06-(2) **AI코스웨어를 활용해 학생 진단하기** • 155
　　학습부진이 시작된 곳을 끝까지 추적하기, 클래스팅AI • 155
　　성취기준별 학생 성취도 진단하기, 미래엔AI클래스 • 160

06-(3) **AI코스웨어를 활용해 맞춤형 평가과제 제시하기** • 162
　　클래스팅AI AI평가 • 162
　　미래엔AI클래스 AI학습지 수준별 학습 • 164

06-(4) **게이미피케이션으로 배움 지속하기** • 166
　　똑똑 수학탐험대 • 166

알공잉글리시 플래닛 • 171

코드모스 • 173

06-(5) **AI코스웨어의 한계와 가능성** • 177

문제은행 방식의 운영 • 177

학습 데이터가 부족할 경우 • 177

가능성 • 178

Special Page _ AI와 디지털 전환, 교사의 역할은? • 179

CHAPTER 07

에듀테크를 활용해 체험학습을 매력적으로

07-(1) **에듀테크를 교실에서만 사용할 수 있다는 착각** • 182

07-(2) **에듀테크활용 체험학습 운영하기** • 183

기기와 데이터 준비하기 • 183

사전 학습하기 with 슬리드(Slid) • 184

QR코드 방탈출 지도 활동지 만들기: 라포라포 • 187

07-(3) **체험학습장에서 방탈출 게임하기: 라포라포** • 188

'배움중심수업'에서는 학생을 수동적인 지식의 수용자로 보는 것이 아니라, 소통과 협업 그리고 스스로의 고민을 통해 주체적으로 지식을 구성하며 학습해 나가는 존재로 생각합니다. 그리고 학생들이 지식을 구성하며 학습할 수 있도록 설계된 수업을 '배움중심수업'이라고 합니다.

배움중심수업은 방법이 아니라 철학입니다. 특정한 방법이나 단계로 지도하는 것이 아니라 배움중심 원리를 수업과 학급경영에 녹여내는 것입니다. 지역별로 배움중심수업의 철학을 공유하는 연구회들이 조직되어 있고 연구회 소속은 아니라 할지라도 교실에서 묵묵히 배움중심수업을 실천하고 계신 선생님들도 많이 계십니다.

에듀테크는 교육을 뜻하는 에듀(Edu)와 기술을 뜻하는 테크(Tech)의 합성어입니다. 직역하자면 '교육을 위한 기술'이라고 할 수 있습니다. 코로나19를 지나오며 교육 현장에는 정말 다양한 에듀테크들이 자연스럽게 들어왔고, 조금의 관심만 있으면 쉽게 접근할 수 있을 만큼 가까워졌습니다. 에듀테크는 교육을 위한 기술인 만큼, 배움중심 수업에 접목하여 잘 사용한다면 학생들이 지식을 구성하며 배움을 촉진하는 데에 큰 도움을 줄 수 있습니다.

01-(1)
디지털 대전환과 교실 수업

 교육현장은 코로나19 이후에 빠르게 변화하였습니다. 교실에 함께 마주보고 수업한다면 굳이 고려하지 않았을 크고 작은 요소들은 비대면이 되어버리자 일일이 구현해 내야할 대상이 되었습니다. 학생들의 발표, 교사의 피드백, 수업자료 및 활동 결과물들의 공유, 과제 배부와 제출, 학생들간의 동료교수 활동들은 그것들을 구현해주는 프로그램이 없다면 이루어질 수 없었습니다.

 줌(ZOOM)과 같은 영상회의 도구만으로는 수업에서 필요한 부분들이 해결되지 않았습니다. 학교 현장에서는 비대면 상황에서도 학생들의 학습효과를 높이기 위한 방법들이 필요했고, 이는 다양한 에듀테크들이 학교 현장으로 들어올 수 있었던 계기가 되었습니다.

 코로나19를 계기로 정보교육에 선도적인 일부 선생님들의 전유물과 같던 '에듀테크'는 빠르게 보편화되었습니다. 마이크로소프트의 CEO 사티아 나델라는 이렇게 말했습니다. "2년 걸릴 변화가 2개월 만에 이루어졌다."[1] 라고 말입니다. 에듀테크를 활용한 교육환경은 정말 '일찍온 미래'였습니다.

---

[1] 출처 : https://www.crn.in/news/we-saw-2-years-of-digital-transformation-in-2-months-satya-nadella/

▲ 학교 현장으로 들어온 다양한 에듀테크들. 2024년 대한민국 에듀테크 마켓맵. 출처 AskEdtech 에듀테크 마켓맵

01-(2)
배움중심수업과 에듀테크

그러나 코로나19가 종식되어가며 에듀테크에 대한 열기는 빠르게 식어갔습니다. 학교 수업이 100% 대면수업으로 전환되며 피드백, 공유, 협업 등을 위해 일일이 필요했던 에듀테크들은 다시 교실의 아날로그 교구들로 대체되었습니다. 교실 앞의 칠판, 색종이, 포스트잇, 색연필, 펜 등 기존의 교구들은 자리를 맡겨두었던 것처럼 다시 제자리를 찾아갔습니다.

대면 수업이 이루어지고 있으니 에듀테크는 필요가 없는 것일까요? 교실 안에서는 에듀테크는 배움중심수업에 도움이 안되는 것일까요? 그렇지만은 않습니다. AI코스웨어와 AI디지털 교과서 그리고 여러 교육용 프로그램들을 포함한 에듀테크는 배움중심수업을 대체하거나 밀어내는 것이 아닌 보완하고 또는 더욱 강력하게 만들어주는 도구입니다. 배움중심수업의 개념과 함께 에듀테크를 통해 배움중심수업을 지원하는 방향에 대해서 알아보겠습니다.

배움중심수업의 개념[1][2]

❶ 수업의 핵심은 '지식을 어떻게 구성할 것인가?'라는 질문으로부터 출발합니다. 우리가 알고 있는 지식은 현재 우리의 수준에서 이해하고 파악하는 정도를 반영할 뿐입니다. 따라서 지식이라는 것이 끊임없이 창조되고 형성되는, 그래서 인간의 인식 영역이 확대되는 것을 의미한다는 사실을 기반으로 하여 배움중심수업이 출발합니다.

❷ 배움중심 수업은 학생들이 '어떤 내용을 배우는가?'라는 것이 아니라 '어떻게 지식을 탐구해 나가는가'를 배우는 것이 중심입니다. 지식이 우리가 이해하는 수준의 범위에서 파악되는 것이라며 학생들은 그 인식의 수준을 확대해 나가는 끊임없는 훈련 속에서 자신만의 사고를 확립해 나가야 하며 이것을 배움이라고 정의할 수 있습니다.

❸ 수업 방법이나 모델이 아닌 교육활동을 운영하는 철학입니다. 학습자의 자기주도성과 자발성을 기초로 하는 학습자 중심 수업의 의미를 충분히 살리되 교사와 학생이, 그리고 학생과 학생이 끊임없이 교류하고 소통하면서 함께 지식을 창조하고 형성해 나가는 과정을 만들어내는 수업입니다.

에듀테크가 지원할 수 있는 부분

에듀테크는 학생들의 배움을 위해 필요한 활동들을 더욱 효율적이고 효과적으로 수행할 수 있도록 돕습니다. 배움중심수업을 위한 에듀테크 활용의 키워드는 빠른 피드백, 시각화 그리고 실시간 협업 및 공유입니다.

---

[1] 교육학 및 교육관련 연수 자료마당(https://vkdlfl11.tistory.com/502)
[2] 배움중심수업(강충열 · 정광순 공저, 학지사)

빠른 피드백

에듀테크를 활용하면 학생들의 활동, 과제에 대해 빠르게 피드백을 줄 수 있습니다. 학생들에게 과제를 배부하고 수합하는 과정을 빠르게 할 수 있을뿐만 아니라 학생들이 작업하는 활동 결과물들도 실시간으로 모니터링하기 편리하기 때문에, 학생들을 더욱 빠르게 관찰하고 발전적인 피드백을 전달하기 편리합니다.

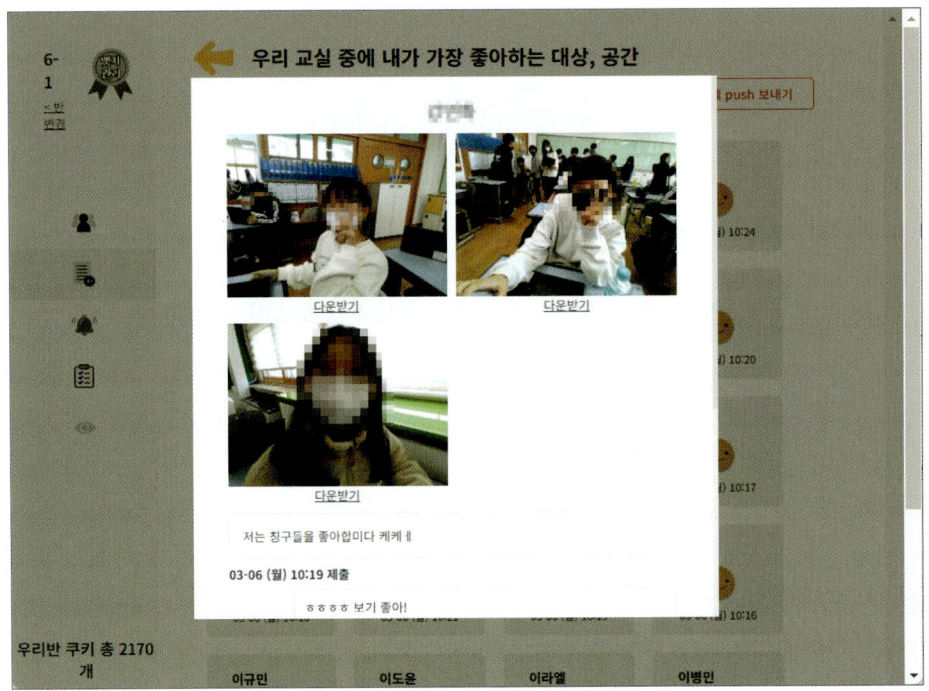

▲ 다했니?다했어요!를 활용한 '내가 우리 교실에서 가장 좋아하는 대상을 찾아라' 활동. 교실에서 가장 좋아하는 것은 친구들이라며 제출한 사진

시각화

학생들은 추상적인 개념을 머릿속으로만 이해하기 보다는 구체적인 이미지, 영상 등을 통해 보조해주면 더욱 수월하게 지식을 구성할 수 있습니다. 정육면체의 특징 발견하기, 원의 넓이 구하기 등의 개념들은 영상적으로 쌍방향 조작을 통해 학습하면 더욱 효과적입니다. 또한 에듀테크를 활용하면 수업을 통해 배운 것을 구체적으로 표현

하기 수월합니다. 구글 프레젠테이션, MS 파워포인트 등을 활용하여 발표자료를 만들 수도 있고, 미리캔버스, 캔바, 투닝 등의 디자인 저작도구로 수업시간 동안의 배움을 스스로 정교화하며 재구성해볼 수 있습니다.

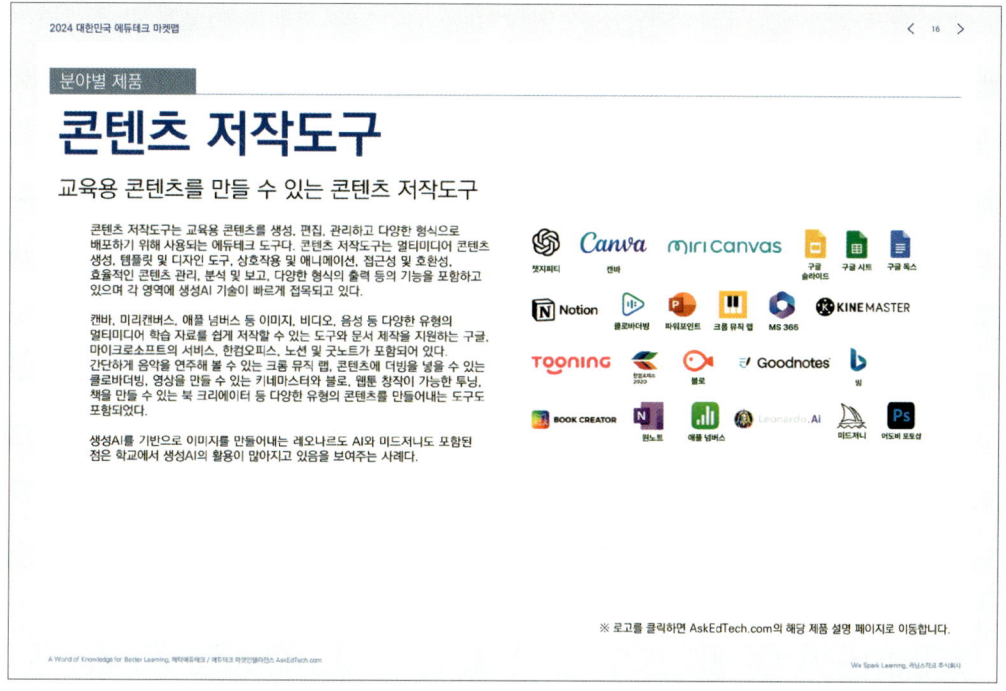

▲ 배움의 시각화를 돕는 에듀테크 콘텐츠 저작도구. 출처 AskEdtech 에듀테크 마켓맵

실시간 동시 협업 및 공유

에듀테크를 활용한 수업의 장점 중 하나는 실시간으로 협업할 수 있다는 점입니다. 경기도 교육청의 [하이러닝], 마이크로소프트의 [Office365], 구글의 [Google Workspace] 등의 실시간 협업을 지원하는 도구들을 통해서, 학생들은 한 페이지 또는 한 슬라이드에 접속하여 함께 배울 수 있습니다. 함께 협업하여 그림을 그릴 수도 있고, 어려운 수학문제를 함께 풀이를 공유할 수도 있으며, 발표자료를 함께 만들 수도 있습니다.

학생들이 에듀테크를 활용해 문제를 협업하며 해결해나가는 것은 한편으로는 보편적 학습설계(UDL)의 일환이기도 합니다. 교실에서 개인 활동에 참여하지 않고 가만히 앉아 있는 학생들이 있습니다. 이 학생들에게 왜 참여하지않고 가만히 있는지를 물어보면 "어떻게 하는지 몰라서요."라는 대답을 가장 많이 듣습니다. 혼자서는 어떻게 할지 몰랐기 때문에 가만히 있던 것입니다. 사실, 일부러 못하고 싶은 학생은 없습니다. 모든 학생들은 잘하고 싶은 마음이 있습니다. 다만, 어떻게 시작을 해야할지 모를 뿐입니다.

이때 에듀테크를 활용하면 활동을 시작하기 어려워하는 학생들을 지원할 수 있습니다. 눈 앞에서 다른 학생들은 어떻게 활동하고 있는지를 볼 수 있기 때문입니다. 다른 학생들의 작업을 참고하며 조심스럽게 한걸음 내딛어보는 모습을 볼 수 있었습니다.

그냥 일반적인 모둠활동과는 조금 다릅니다. 에듀테크의 가장 좋은 점은 공유과정이 편리하고 학생의 자존감을 지켜준다는 점입니다. 다른 학생들의 활동을 보기 위해 굳이 목을 쭈욱 빼고 힘들게 쳐다볼 필요가 없기 때문입니다. 종이 활동지를 사용하는 모둠활동에서는 조금만 떨어져 있어도 활동을 공유하기가 쉽지 않습니다. 몸을 기울이며 열심히 쳐다보아야 합니다. 학습의욕이 부족하거나 자존심이 센 학생들에게는 다소 실천하기 어려운 행동입니다. 하지만 에듀테크를 사용하면 눈 앞에서 다른 친구의 활동을 쉽게 관찰할 수 있습니다.

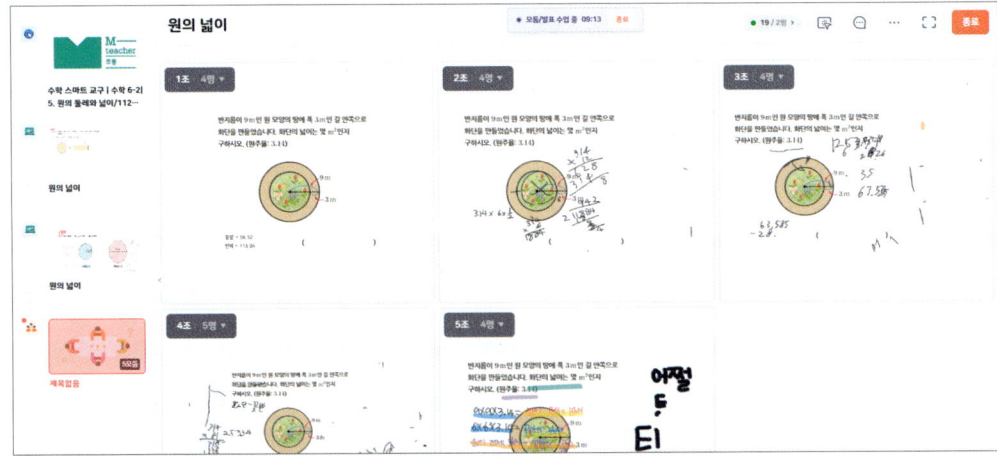

▲ 경기도 교육청 [하이러닝]을 이용한 실시간 협업 모둠활동

01-(3)
난무하는 에듀테크, 놓치지 말아야할 것은 학생의 '배움'

　에듀테크를 활용하는 것에 대해 공감대가 어느정도 형성되었기를 바랍니다. 그럼 이제 에듀테크를 활용한 수업을 어디서부터, 어떻게 시작할지 생각해보아야 합니다. 수업 시간은 한정되어있습니다.

　교사는 수업시간 동안 학생이 학습목표를 달성할 수 있도록 수업을 계획합니다. 그런데 교사와 학생이 학습목표가 아닌 다른 곳을 보게된 다거나 목표와 관련이 없는 불필요한 부분에서 시간이 소요된다면 계획에 차질이 생길 수 밖에 없습니다.

　학습목표도 달성하지 못하고, 학생들에게 '배움'이 일어나는 수업이 아니게 됩니다. '지양'해야할 에듀테크 수업과 '지향'해야할 에듀테크 수업에 대해 이야기 나눠보고자 합니다.

지양해야할 에듀테크 수업
학생들의 디지털 접근성과 안전성이 확보되지 않은 수업

　학생들이 태블릿 기기를 이용하여 에듀테크를 이용하기까지 단계가 길어지면 학생들은 집중력을 잃게 됩니다. 수업에서 에듀테크를 활용할 때엔 교사가 링크를 공유하고 2~3번의 클릭 안쪽으로 학생들이 학습을 시작할 수 있는 장면에 들어갈 수 있어야 합니다. 만약, 교사의 지시에 따라 하나하나 클릭하는 상황이 여러 번 반복되거나, 저~ 멀리 보이는 교사의 모니터 화면을 보기위해 눈을 찌푸리며 또다시 클릭하는 작업들이 이어진다면 학생들은 수업도 시작하기 전에 에너지를 모두 소진하게 됩니다. 에듀테크를 활용하여 수업을 하실 때엔 학생들이 에듀테크에 접속하기까지의 경로를 검토해보셔야 합니다. 이 부분은, 수업을 하실 때는 물론이고 에듀테크를 도입하는 과정에서 선정 기준으로도 삼아야 할 만큼 중요합니다.

　기기를 안정적으로 쓸 수 있는 환경도 정말 중요합니다. 학급에서 이용하는 스마트기기와 호환되지 않는 앱을 이용하거나 비교적 고사양의 프로그램을 돌리게 된다면, 아예 작동하지 않거나 작동하더라도 화면이 부자연스럽거나 렉이 걸리고 중간에 멈추는 일이 발생하곤 합니다. 학생들이 열심히 노력하는 와중에 이런 일들이 발생한다면 학생들은 불안정한 환경에 집중력과 의욕을 잃을 수 있습니다. 또한 학생들의 시선을 빼앗는 광고 역시 사전에 차단해야할 요소입니다. 자극적이고 선정적인 광고는 학생들의 관심을 쉽게 끕니다. 재미있는 광고를 본 학생은 늘 그것을 함께 나누고 싶어합니다. "OO라고 나온거 한번 클릭해보면 안돼요?"라며 말이죠. 광고와 같은 수업 중 일탈은 쉽게 전염되어 면학 분위기를 해치게 됩니다. 그래서 브라우저에 광고를 제거하는 확장프로그램을 꼭 설치하시라고 말씀드리고 싶습니다.

> **❝ 학교 자체 구글 도메인을 가지고 있다면?**
> 구글 워크스페이스 학교의 관리자 계정으로 기관의 도메인을 사용하는 계정의 브라우저에 광고를 제거하는 확장 프로그램을 미리 설치하는 것을 추천합니다.

기능이 목적이 되는 수업

에듀테크는 기존에 교실에서 보기 어려웠던 수업장면이나 결과물들을 만들어내곤 합니다. 코딩을 전혀 사용하지 않거나 거의 사용하지 않는 No Code, Low Code 프로그램들이 나타나면서 학생들도 조금만 공부하면 직접 앱이나 프로그램을 만들 수 있게 되었습니다. 학생이 스스로 앱을 만든다니! 정말 멋진 일입니다. 하지만 아무리 쉬운 프로그램일지라도 기본 기능을 배우는 데에 시간과 에너지가 지나치게 소요되는 일이라면, 수업의 목적은 성취기준을 벗어나 그 프로그램 자체가 되어버릴 수 있습니다. 우리가 새로운 에듀테크를 배우는 일을 부담스러워 하는 것처럼, 학생 역시도 새 프로그램을 배우는 일은 부담스럽습니다. 에듀테크를 새로 익히는 부담을 학생의 눈높이에서 바라보고 프로그램을 선정하고 지도할 수 있어야 합니다.

▲ 학생의 눈높이에서 지도하는 모습. bing 크리에이터를 통해 제작한 AI이미지

지향해야 할 에듀테크 수업
수업 활동으로 빠르게 들어갈 수 있는 에듀테크

지양해야할 수업들을 반대로 하면 지향해야할 수업이 됩니다. 에듀테크 수업은 로그인부터 큰 난관입니다. 에듀테크를 활용하려 노력해보신 선생님들은 모두 공감하실 겁니다. 특히 학년이 어려질수록 로그인하는 데에 수업시간의 많은 부분을 사용하게 됩니다. 에듀테크에 접근하는 데에 너무 많은 시간을 쓰게 되면 학생들이 배울 시간을 빼앗기게 됩니다. 그래서 에듀테크를 선정하실 때에는 되도록 아이디와 비밀번호를 입력하는 프로그램보다는 SSO(Single Sign-On) 인증체계를 갖춘 프로그램을 이용하시는 것이 좋습니다. 로그인된 계정 하나로 추가적인 회원가입 없이 이용하면 불필요한 시간 소모를 줄일 수 있습니다.

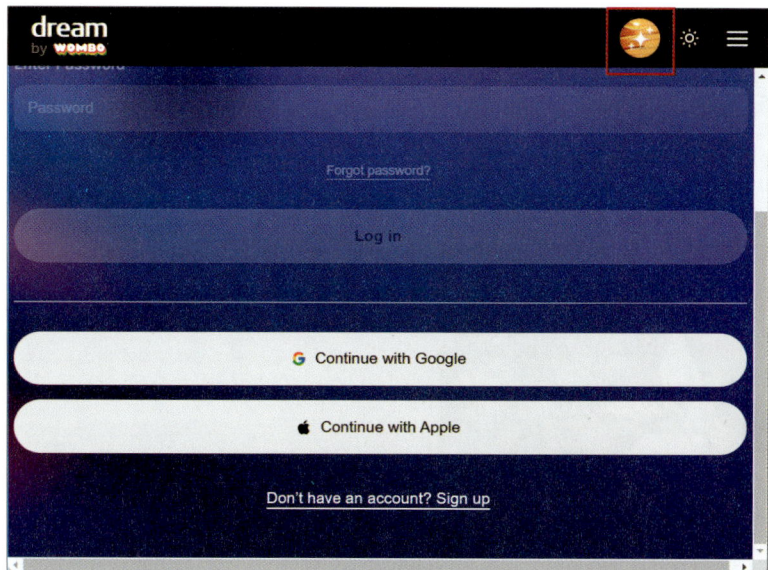

▲ 생성형AI 드림바이웜보 로그인 화면

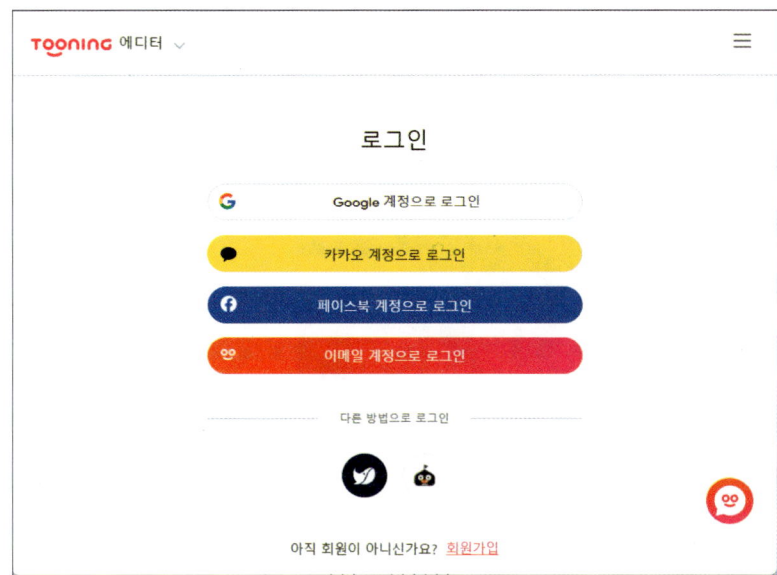

▲▲ 웹툰 및 디자인 저작도구 투닝 로그인 화면

　핸드폰이나 태블릿으로 다운받아 실행하는 앱(App)이 아니라 인터넷으로 접속하여 이용하는 웹(Wep)기반의 에듀테크들은 브라우저의 아이디 비밀번호 자동 저장 기능을 이용하실 수도 있습니다. 로그인을 하게 되면 학생들이 "선생님~ '비밀번호 저장' 해요?"라고 물어보는 경우가 있습니다. 브라우저의 우측 상단에 비밀번호 저장여부가 나타나서 그렇습니다. 그럴 때는 그렇게 하라고 안내해주시면 되겠습니다. SSO를 지원하지 않는 사이트의 경우라도 브라우저의 자동저장 기능을 이용하면 사이트에 접속할 때에 자동으로 아이디와 비밀번호가 완성되어 로그인 시간을 줄일 수 있습니다. 비밀번호를 저장할 경우 비밀번호 기록이 스마트기기에 남는 것이 아니라 로그인한 계정에 남는 것이기 때문에 계정을 로그아웃하면 비밀번호가 남지않아 다른 계정과 혼용되거나 다른 학생에게 정보가 유출되지 않습니다.

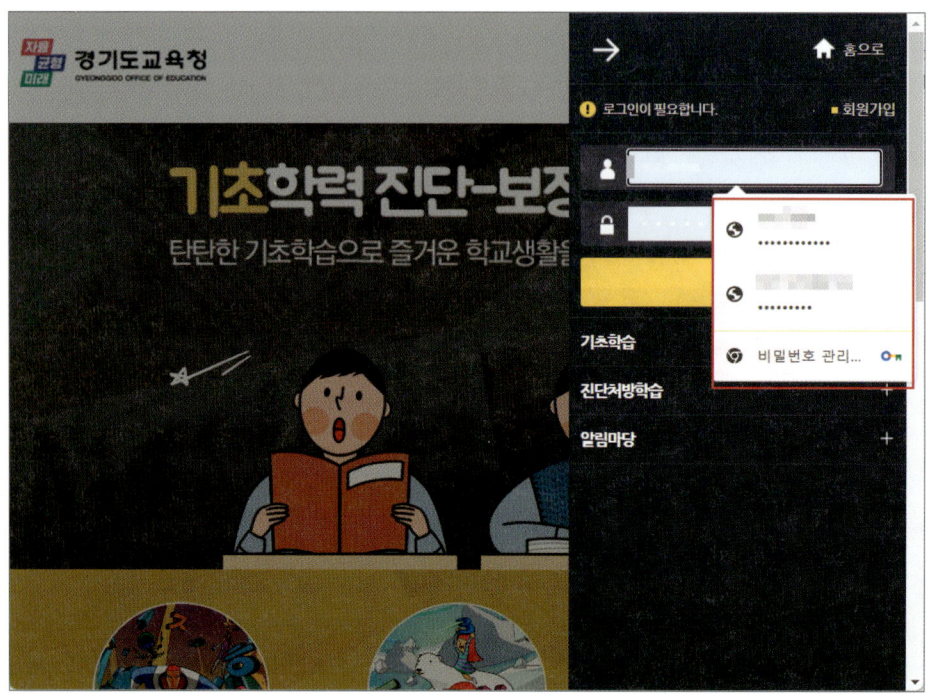

▲ 기초학력진단보정시스템 로그인 화면

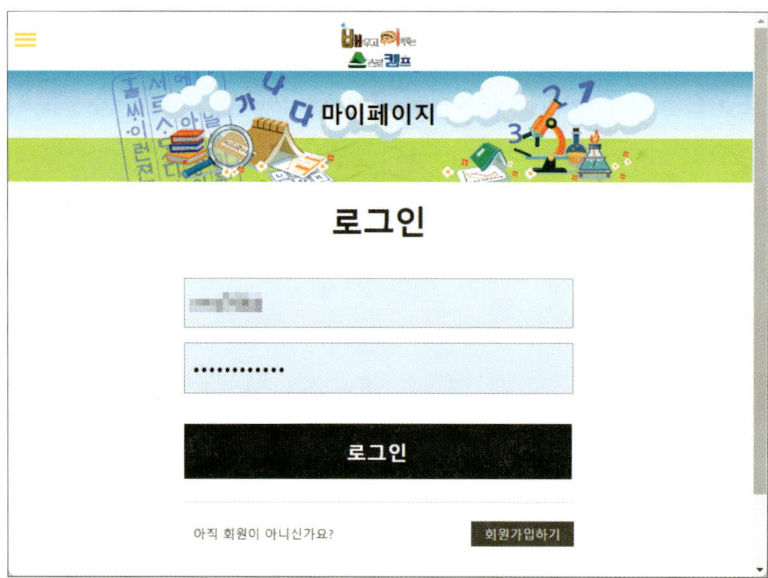

▲ 배.이.스 캠프 로그인 화면

❝ SSO로 소셜로그인을 할 수 있거나 아이디와 비밀번호가 브라우저에 저장되어 있더라도 그 정보들을 담고있는 기본 계정에 접속할 수 없으면 무용지물입니다. 늘 사용하는 에듀테크더라도 종종 다시 아이디와 비밀번호를 입력해야 하는 경우도 생깁니다. 그래서 학생들이 다시 로그인할 수 있도록 기본적으로 사용하는 계정들을 학생들이 자주 사용하는 배움노트나 교구에 붙여주시면 효과적입니다.

▲ 아이디와 비밀번호를 까먹었을 때 다시보는 클립보드

학생들이 몰입하는 수업

수업 중 가장 중요한 부분중 하나는 바로 '동기 유발'입니다. 학생들에게 공부하고자 하는 마음을 얼만큼 이끌어낼 수 있느냐에 따라 수업의 성패가 갈리기도 합니다. 교사들이 에듀테크에 기대하는 부분도 바로 이 '학습 동기 유발'입니다. 황주영(2022)의 '초등교사의 스마트기기 활용과 교육적 효과성에 관한 인식' 연구에서는 '학습동기 및 만족도 영역'에서도 '학습자의 학습동기를 효과적으로 유발' 항목과 '학습자의 학습흥미도 증진'에 기대가 큰 것으로 나타났습니다.

교사들의 기대에 부응하듯 학생들은 에듀테크를 활용한 수업을 무척 좋아합니다. 태블릿이 눈앞에 있으면 한눈 팔기보다는 태블릿 속의 자료에 더욱 집중하곤 합니다. 학습의욕이 부족한 학생들을 기준으로 보면 태블릿이 있을 때와 없을 때의 집중력 차이는 두드러집니다. 눈 앞에 무언가 자신이 만질 수 있는 것이 있다는 것 만으로도 학생들은 수업에 더욱 참여적인 태도를 갖게 됩니다. 차곡차곡 쌓아올린 흥미도를 바탕으로 여러 디지털 상호작용을 통해 학생들의 배움을 촉진할 수 있습니다.

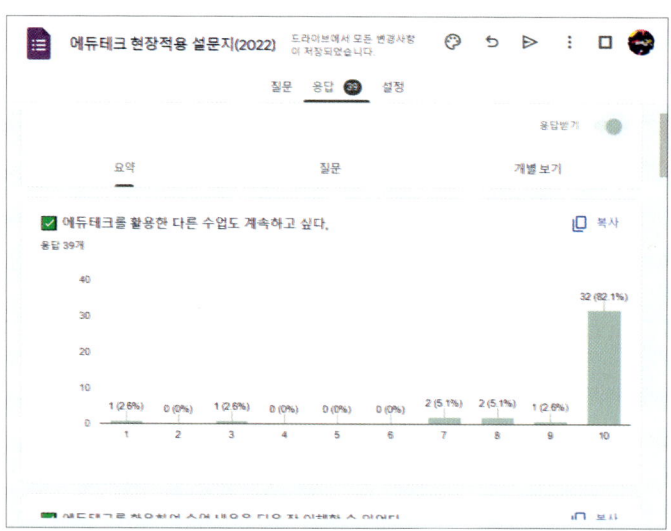

▲ '에듀테크를 활용한 다른 수업도 계속 하고 싶은지' 묻는 질문에 매우 그렇다(10점)을 준 학생이 82%에 달한다. 2022년 학급학생들을 대상으로 진행한 에듀테크 인식 설문

효율적이고 효과적인 가성비 수업

가성비는 가격 대비 성능을 의미하는 용어로, 어떤 제품이나 서비스의 가격과 그에 대한 성능, 효용, 품질 등을 비교하여 그 가치를 평가하는 것을 말합니다. 가성비가 좋다는 것은 상대적으로 저렴한 가격에 비해 높은 성능이나 품질을 가지고 있다는 것을 의미합니다.

수업에 가성비라는 말을 적용하니, 싸게 비지떡이라거나 수업을 대충 준비하는 얌체같은 교사로 보일지 모르겠습니다. 하지만 '수업을 준비하는 노력에 대비한 교육의 효과'라는 관점에서 '수업의 가성비'를 보면 좋겠습니다. 클릭 몇 번으로 교구와 학습지를 제작하고 배포할 수 있으니 수업 준비 시간도 아낄 수 있고, 기술적인 동기유발이 아니어도 학생들은 쉽게 몰입할 수 있습니다. 학생들에게 과제를 주는 것과 문제해결의 결과를 모니터링하고 추적하는 것도 편리하며, 학생이 활동한 결과물들을 꾸준히 모아 포트폴리오로 만들기도 수월합니다.

에듀테크의 기능을 교사가 낱낱이 알아야만 수업에 적용할 수 있는 것도 아닙니다. 때로는 학생들이 수업 속에서 새로운 기능을 발견해내곤 합니다. 발견한 학생들을 칭찬하며 '테크 히어로'로 임명하고 아직 헤매고 있는 학생들에게 도움을 주는 방법으로 수업을 운영할 수도 있습니다.

최근에는 AI코스웨어가 많이 개발되고 있습니다. 학생들은 수업시간에 배운 기초 개념을 AI를 활용해 맞춤형 난이도로 반복학습 할 수 있습니다. 이미 개념에 숙달된 학생들은 조금 더 난이도 있는 문제를 풀 수 있고, 교사는 그 동안 교사의 도움이 필요한 학생들에게 맞춤형 지원을 할 수도 있습니다. 교사의 학습 지원 역시 효율적으로 이루어질 수 있습니다.

> **❝ 저학년에서는 어렵지 않을까요?**
> 저학년은 저학년의 눈높이에 맞는 에듀테크를 활용하면 됩니다. 저학년의 눈높이라면, 타이핑이나 텍스트 및 숫자 입력이 아니라 '터치' 위주로 해결하는 프로그램이 적합합니다. 수학 교과라면 '똑똑 수학탐험대', 국어 교과라면 '찬찬 한글'을 추천합니다. 각각 KERIS(한국학술교육정보원)와 인천광역시 교육청에서 제작한 무료 에듀테크이니 학급과 가정에서 부담없이 시도해볼 수 있습니다.

01-(4)
'집밥같은' 에듀테크 수업

에듀테크를 활용한 수업을 '외식'과 '집밥'에 비유해보려 합니다. '외식'은 소비자에게 강렬한 경험을 남겨야 하기에 아무래도 보여지는 것에 많은 노력을 들이며 강렬한 인상을 남기기 위해 자극적으로 할 수 밖에 없습니다. 소위 '보여주기식' 에듀테크 수업이 이런 외식같은 수업입니다. 학생들과의 디지털 상호작용은 외면한 채 에듀테크의 화려함만을 강조하는 수업은 우리가 지양해야 합니다.

반면에 집밥은 수수합니다. 늘 먹는 음식이며 가족의 건강을 생각해 세 번 넣을 조미료를 한 번만 넣기도 합니다. 냉장고에 남아있던 재료와 반찬을 활용하여 지난 음식과 비슷한 느낌을 주기도 합니다. 하지만 집밥은 비교적 쉽고 빠르게 만들어지고 영양가도 훌륭합니다. 우리가 교실에서 활용할 에듀테크도 집밥 같으면 좋겠습니다. 먹어본 적 없는 새로운 메뉴를 도전할 필요는 없습니다. 냉장고 안의 재료를 활용하는 것처럼, 손에 쉽게 닿는 에듀테크를 이용하면 됩니다. 빠른 피드백, 시각화, 실시간 공유와 협업 등의 기능을 할 수 있는 에듀테크 몇 가지만 익혀놓으면 학생의 배움을 위한 집밥같은 에듀테크 수업은 이미 준비가 된 것입니다.

Special Page _ 에듀테크 정보의 보고, askEdTech

어떤 에듀테크들이 있고 특징이 무엇인지 요약해주는 사이트가 있습니다. 바로 askEdtech라는 웹사이트입니다. askEdtech에서는 다양한 에듀테크 제품들을 목적별로 분류하여 안내하고 있고, 현장에서 활용하기에 적합하다는 교사들의 실증이 있는 제품들은 '증거 등록 제품'으로 따로 표시하고 있습니다. 학교에서 각종 사업을 운영하며 에듀테크를 구매할 일이 있을 때에 참고하시면 좋은 사이트입니다.

그리고 askEdtech에서는 에듀테크 트렌드에 관한 소식들도 접할 수 있어, 에듀테크에 관심이 있는 선생님들은 즐겨찾기에 추가해 놓으면 좋습니다.

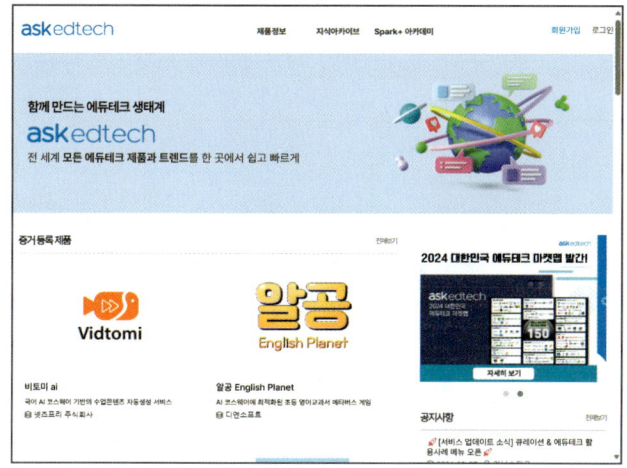
▲ askEdtech 홈 화면

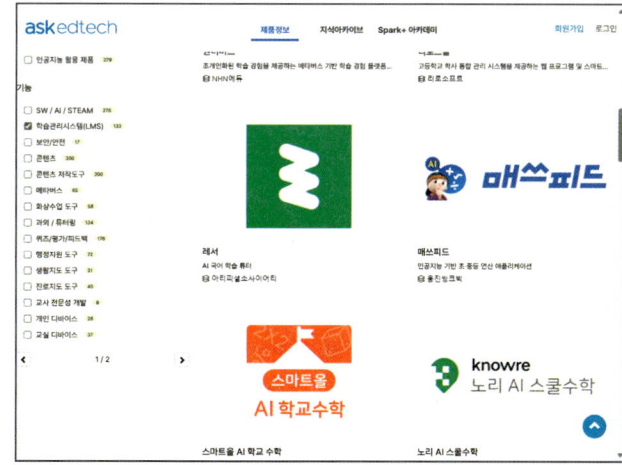
▲ 기능별로 분류된 에듀테크 제품 정보

CHAPTER 02

에듀테크 활용 수업 전 준비하기

교과서와 연필만 있어도 활동을 시작해볼 수 있는 아날로그 방식과는 달리 에듀테크를 활용하는 수업은 사전준비가 어느 정도 필요합니다. 일부 선생님들이 에듀테크 활용을 선호하지 않으시는 이유도 일정 부분은 이 '사전준비의 번거로움'이 한몫을 하고 있습니다. 그러나 몇 가지 부분들만 확인하면 어렵지 않게 에듀테크 수업을 실천해보실 수 있습니다. 이 장에서 에듀테크 함께 필요한 준비사항이 무엇인지 알아보도록 하겠습니다.

02-(1) 우리교실은 에듀테크 수업을 할 준비가 되어있을까?

우리교실 에듀테크 인프라 점검하기

에듀테크의 이름에는 아무래도 '테크'가 들어가다보니 오프라인으로 태블릿을 활용하는 것이 아닌 이상 인터넷 연결이 필수적인 경우가 많습니다. 우선 교실에서 이용하고자 하신다면 교실 또는 복도에있는 무선AP를 통해 와이파이에 연결하여야 합니다.

1인 1기기를 쓰는 교실의 경우

한 기기에서 여러 개의 와이파이가 연결되는 경우가 있습니다. 방금 산 기계가 아닌 이상 전년도에 이용했던 와이파이가 잡혀서 여러 개의 신호가 동시에 잡히곤 합니다. 수업 중 "저 인터넷이 느려요"라고 말하는 경우에는 대체로 멀리있는 와이파이가 잡혀서 발생하는 문제였습니다. 이러한 문제들을 사전에 방지하기 위해 학년초 일년동안 사용할 태블릿들의 와이파이 네트워크를 정리하는 것이 좋습니다. 교실에서 사용할 네트워크만 남겨두고 나머지 네트워크들을 연결 해제 및 삭제해두시는 것이 편리합니다.

또 하나의 문제는 불법적으로 설치된 iptime입니다. 간혹 일부 교직원 중에 기관에서 설치한 무선AP가 아닌 본인이 직접 설치한 공유기를 사용하는 경우가 있습니다. 교육지원청에서 설치해주는 무선AP는 범위가 거의 한 학급에 그치지만 개인적으로 설치한 AP는 거의 한 층에 영향을 미치곤 합니다. 이는 학생들의 태블릿PC의 와이파이에 간섭을 일으키는 요인이 되곤 합니다. 그러므로 교실에서 iptime이 잡힌다면 해당 공유기를 사용하는 분에게 공유기를 해체해달라고 말씀드려야 합니다.

여러 교실에서 사용되는 기기의 경우

코로나19를 거치며 학교에 스마트기기들이 많이 보급됐습니다만 아직 통계를 보면 아직 모든 학교에서 1인 1기기를 운영할 수 있는 것은 아닙니다. 국회 교육위원회 안민석 의원이 공개한 '전국 학생용 스마트기기 보급 현황'[3] 에 따르면 전국 초중고 학생 528만명 중 약 360만대(62%)를 보급하였습니다. 대전(100%), 경남(96.6%)처럼 높은 보급률을 보이는 곳도 있지만 제주(35%), 세종(16%)은 일부학교 또는 일부 학년에서만 이용이 가능합니다. 지역, 학교의 여건에 따라 학급에서 스마트기기를 사용하는 여건은 다소 차이가 발생합니다.

1인 1기기를 이용할 수 없는 환경이라면 어쩔 수 없이 여러 개의 네트워크를 등록해야 합니다. 단, 스마트기기별로 사용하는 공간과 네트워크를 분명하게 나누는 것이 좋습니다. 여러 개의 네트워크가 등록되어있으면 네트워크간의 간섭 때문에 기기가 멋대로 연결한 네트워크를 바꾸는 경우가 생깁니다. 또한 한 공유기에 20대 이상의 기기가 접속할 경우에는 일부 학생들의 기기에서 연결이 원활하지 않을 수 있습니다. 그러므로 네트워크 간의 간섭이 발생하거나 한꺼번에 한 네트워크에 여러 기기가 몰리지 않도록 각각의 학급에서는 정해 놓은 네트워크 외의 다른 네트워크는 지워주시는 것이 좋습니다.

> **❝ 한 학급에 20명 이상이라면?**
>
> 20명이 넘어가면 접속 장애가 발생할 수 있다고 하는데 한 학급에 20명 이상이라면 어떻게 할까요? 간단한 방법 중 하나는 학생들을 2.4G 네트워크와 5G 네트워크에 적절히 분배하여 접속시키는 것입니다. 각각의 네트워크는 서로 다른 주파수 대역을 이용하기 때문에 두 네트워크를 동시에 사용하면 대역폭이 분산되어 접속을 원활하게 하는 데에 도움이 됩니다. 또 하나의 방법은 공유기를 추가로 설치하는 것입니다. 코로나19 이후 원활한 원격수업 인프라를 위해 공유기 추가설치가 수월해졌습니다. 학교 관리자 및 행정실과 협의하여 추가로 공유기를 구매할 수도 있습니다.

---

[3] 관련기사: https://news.tf.co.kr/read/national/2054181.htm

❝ 크롬북과 CEU를 사용한다면 '파워워시'로 편리하게 초기화

학기말에 스마트기기들을 초기화하는 작업은 참 번거로운 일입니다. 스마트기기 하나하나 일일이 작업해야 하기 때문이지요. 그러나 스마트기기로 크롬북을 사용하고 계시고, 또 CEU 등록이 되어있다면 손쉽게 초기화 할 수 있습니다. 구글 워크스페이스의 [관리 콘솔] – [기기] – [Chrome기기]에선 등록된 여러기기들을 원격으로 한번에 초기화시킬 수 있습니다. 스마트기기 도입을 고민하신다면 크롬북의 CEU와 같이 기기 관리기능까지 함께 고려해서 구입하는 것을 추천드립니다.

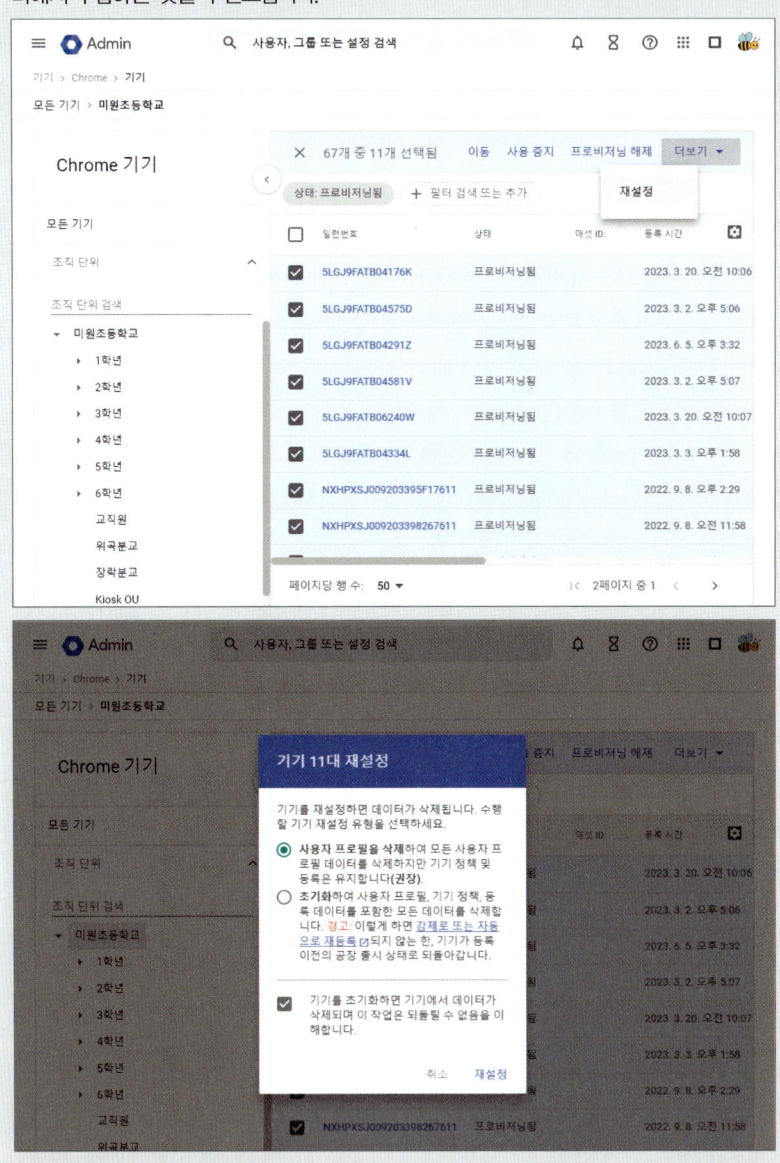

학생들과 만드는 에듀테크 수업 약속

완료한 사람 손 무릎

학생들의 화면을 모니터링 할 수 있는 기능이 없다면 교사는 학생의 화면을 직접 보지 않는 이상은 확인하기 어렵습니다. 학생이 여전히 로그인하는 데 문제를 겪고있는지, 학습할 준비는 되어있고 잠시 딴짓을 하고 있는 것인지 알기 어렵습니다. 그래서 교사가 지시한 접속 절차를 완료했다면 손을 무릎 위에 올려 교사의 지시를 모두 수행하였음을 보여주도록 이야기 합니다. 일부 학생들이 아직 완료하지 않았다면 손을 무릎 위에 올렸던 학생들에게 아직 준비가 더 필요한 학생들을 지원해줄 수 있도록 부탁합니다.

> 66 학급에서 사용하는 LMS에 '가치칭찬'게시판을 만들어 두었습니다. 이 게시판에서 학생들은 학급에서 학년 초에 함께 선정한 가치에 해당하는 행동을 보여준 학생들을 칭찬합니다. 선생님의 에듀테크 관련 지시를 수행할 수 있도록 도와준 학생들이 종종 게시판에 올라오곤 합니다. 이후 자신이 칭찬받았음을 확인한 학생들은 다른 학생들을 더욱 도우려고하는 선순환이 발생합니다.

복붙 금지! 내가 이해한 내용을 적기

조사활동을 할 때에 가장 많이 발생하는 도덕적 해이는 바로 '복사 + 붙여넣기'입니다. '어차피 수업시간에 잠깐 만들고 마는 건데 뭐~'라는 생각에 가볍게 자료를 가져옵니다. 이러한 분위기가 만연해지면 학생들은 탐구하는 마음으로 조사하기보단 내용을 채우기 위한 적당한 내용들을 가져오기 위해 조사하게 됩니다. 관련 내용에 관해 발표를 시켜보면 준비한 내용에 대해 전혀 모르고있는 경우가 많습니다. 반드시 자신이 이해한 내용을 바탕으로 작성하도록 하고, 다른 친구들이 내가 작성한 것을 봤을 때에 이해가 되어야 의미가 있는 것이라고 말해줍니다.

출처 밝히기

다른 사람의 자료를 가져와서 사용할때는 반드시 출처를 밝혀야 한다는 것을 항상 이야기 합니다. 초등 고학년을 맡고 있다면 학년초 실과 시간에 지적 재산권에 관한 교육을 진행하시며 출처를 밝히는 습관에 다루면 효율적입니다. 한번에 바뀌지는 않지만 꾸준히 지도하여주면 천천히 바뀌어갑니다.

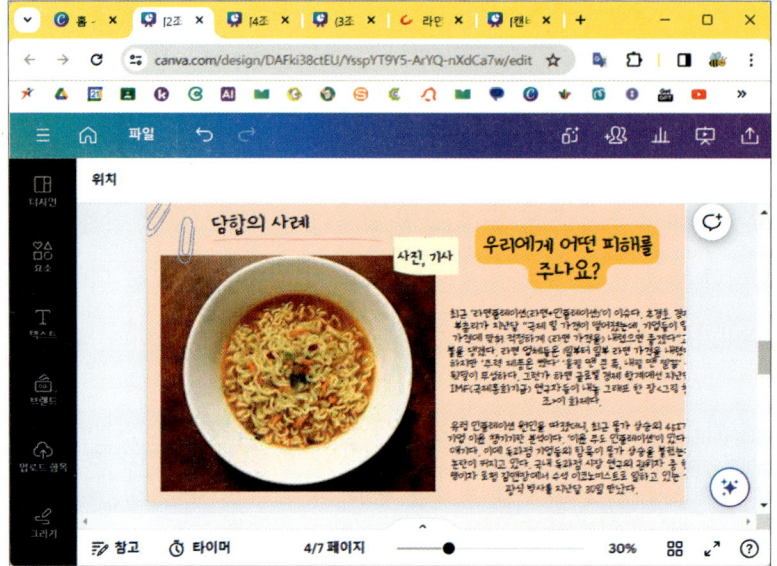

▲ 수정 전: 기사를 그대로 베껴 씀

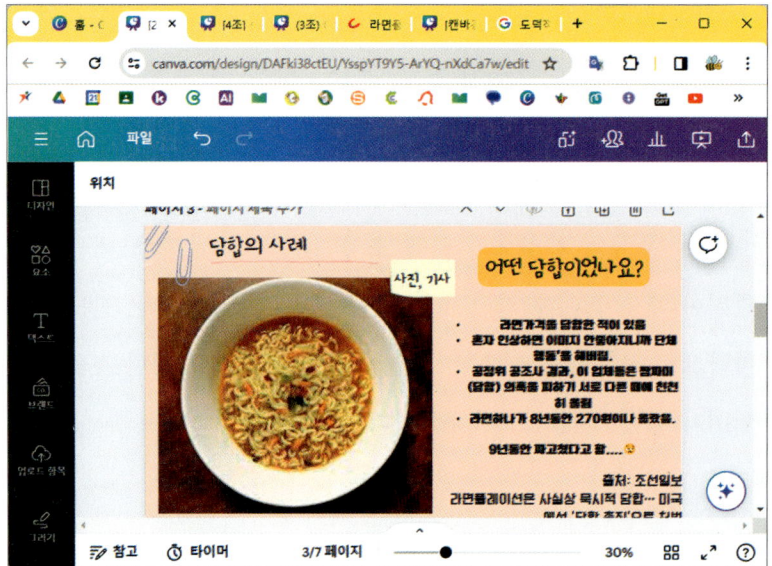

▲ 수정 후: 자신이 이해한 내용으로 요약, 출처를 밝힘

태블릿 활용 규칙 만들기

저자의 학급에서는 몇가지 규칙아래 학생들이 자유롭게 태블릿 PC를 이용할 수 있습니다.

- 태블릿PC로는 게임을 하지 않는다.
- 태블릿을 다룰 때는 조심히 다룬다.
- 태블릿을 활용해 예술 활동을 할 수 있다.

스마트기기는 자칫 사용하면 학생들의 일탈을 조장하는 독이 될 수도 있습니다. 학년초 학급세우기 과정에서 꼭 태블릿 사용에 관한 규칙을 함께 세워야 합니다.

02-(2) 에듀테크 활용수업을 위한 교사의 준비

학생들이 이용할 계정 정하기

매해 각 시·도교육청에서는 '교육용 상용클라우드서비스 업무 추진 계획'을 발표합니다. 교육용 상용클라우드서비스(Microsoft365, 한컴스페이스, Google Workspace, 네이버 웨일스페이스) 및 관련 시스템을 효율적이고 체계적으로 운영하기 위한 목적입니다. 이때 이용 계획과 함께 '학교 사용자 계정 및 조직단위 관리 매뉴얼', '학교별 관리자 계정현황'을 안내합니다. 각 서비스들의 특징들을 고려하여 구성원 간의 협의를 통해 어떤 서비스를 활용할지 협의하여 정합니다.

특징 / 서비스 이름	구글 워크스페이스(Google Workspace)	마이크로소프트 365(Microsoft365)	네이버 웨일스페이스 (Naver Whale)
이미지	Google Workspace	Office 365	whalespace
중심 LMS	구글 클래스룸	마이크로소프트 팀즈	웨일클래스
대표 프로그램	Gmail, Google Drive, Google Docs 등	Outlook, OneDrive, Word, Excel 등	클로바 노트, 웨일 브라우저
플랫폼 별 특장점	클라우드 기반 협업이 용이함	강력한 오피스 프로그램 제공	네이버 웨일 브라우저 기반의 통합 생태계

수업의 허브, LMS 구축하기

에듀테크 수업을 원활하게 하기 위해서는 수업자료 공유, 과제 배포 및 수합을 할 수 있는 허브가 필요합니다. 이러한 역할을 맡는 프로그램들을 LMS(Learning Management System)라고 부릅니다. 공공학습플랫폼으로는 e학습터, 위두랑, ebs 온라인클래스 등이 코로나19 시기에 원격수업의 허브 역할을 했습니다. 민간 플랫폼도 다양합니다. 구글 클래스룸, 마이크로소프트 팀즈, 웨일 클래스, 클래스팅 등 다양한 프로그램들이 있습니다. 선생님께서 주로 어떤 도구들을 활용해 수업자료를 만드는지, 선생님이 공유한 자료를 학생들이 이용하기 편리한지 등을 고려하여 가장 적합한 프로그램을 선정하시면 됩니다.

구글 클래스룸

구글 클래스룸은 교사와 학생 간의 원활한 협업을 지원하는 클라우드 기반 학습 관리 시스템(LMS)입니다. Google Workspace와 통합되어 있어 구글 문서, 구글 프레젠테이션, 구글 스프레드시트 등의 자체 프로그램들을 이용해 문서 공유, 과제 제출, 평가 등의 작업이 간편하게 이루어집니다. 실시간 협업 기능과 Google Meet 통합으로 온라인 수업이 용이하며, 구글 드라이브에 학습활동들을 꾸준히 쌓아갈 수 있습니다.

마이크로소프트 팀즈

마이크로소프트 팀즈는 Microsoft 365 서비스와 통합된 LMS로, 온라인 회의, 대화, 파일 공유, 일정 관리 등의 팀 협업 기능을 제공합니다. 팀즈는 몰입형 리더, 번역 등의 기능을 프로그램 안에서 해결할 수 있으며, 다양한 앱들와 연결하며 기능을 확장할 수 있습니다. 인사이트 기능으로 학생들의 출석, 참여, 과제, 성적 등을 모니터링도 가능합니다.

웨일 클래스

웨일 클래스는 네이버 웨일스페이스의 LMS 프로그램으로 웨일 브라우저와 연동되어 웹 기반으로 간편하게 수업을 진행하고, 과제를 제출하고, 피드백을 주고받을 수 있습니다. 웨일 브라우저는 네이버에서 개발한 국내 유일의 웹 서비스 플랫폼 브라우저로, 다양한 확장앱과 AI 서비스를 사용할 수 있습니다. 또한 웨일 클래스는 네이버 웍스와 연동되기 때문에 메일, 메신저, 캘린더, 드라이브 등의 기능도 함께 이용할 수 있습니다.

클래스팅

클래스팅은 학부모, 교사 및 학생 간의 효율적인 소통을 중심으로 하는 LMS입니다. 학부모 연결 기능과 클래스 톡 기능 등의 소통 수단으로 학부모와 교사 간의 협력을 강화하고, 학생의 학습 진행 상황을 실시간으로 공유할 수 있습니다. 다양한 학교 행사 및 급식 알리미 기능을 갖추고 있습니다. AI코스웨어인 클래스팅AI와 연계하여 활용하기 좋습니다.

구글 클래스룸	마이크로소프트 팀즈	웨일클래스	클래스팅
구글 클래스룸	마이크로소프트 팀즈	웨일클래스	클래스팅

LMS 및 콘텐츠 접속경로 단순화하기

LMS 북마크에 추가하기

학생들이 수업 콘텐츠에 빠르게 접속할 수 있게 하려면 접속 경로를 짧게 만들어야 합니다. LMS로 사용하는 프로그램의 사이트나 자주 사용하는 에듀테크 사이트를 북마크에 추가해 놓는다면 "○○○으로 들어오세요"라고 했을 때 빠르게 접속할 수 있습니다. 클래스팅을 예시로 안내 드리겠습니다. 우선 학급에서 사용하는 LMS에 접속합니다. 크롬 브라우저의 상단을 보면 주소 입력창이 있습니다. 창의 우측을 보면 별 모양의 표시가 있는데, 그 버튼을 눌러서 '북마크 추가' 또는 '북마크 수정'을 할 수 있습니다.

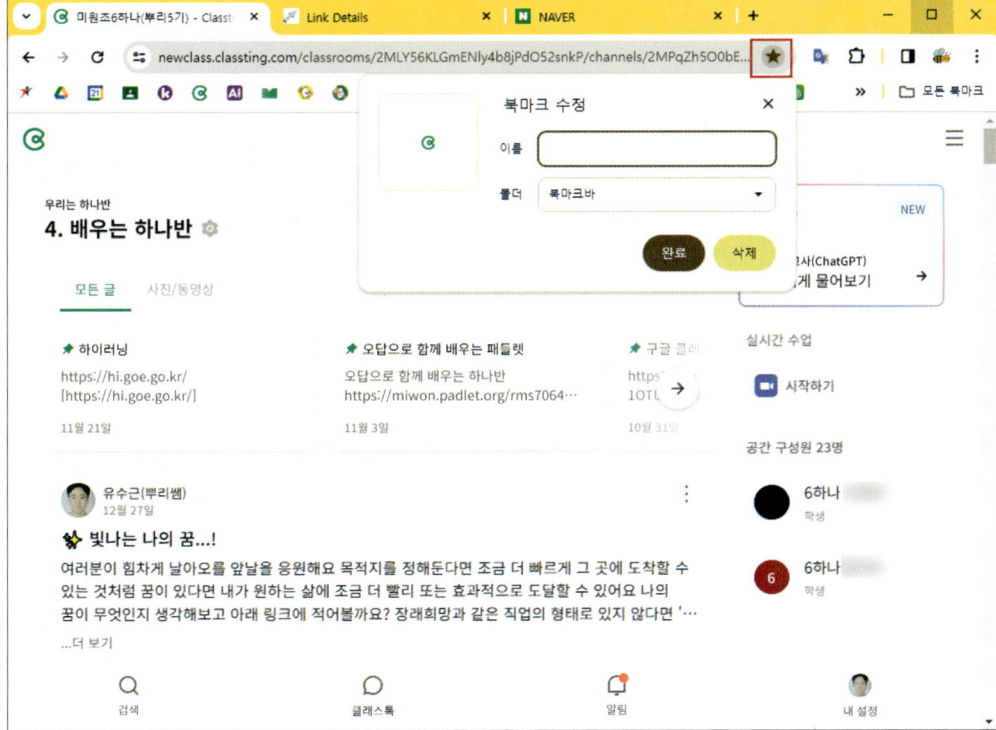

▲ 북마크 추가

북마크바가 숨겨져 있어서 표시되지 않는다면 브라우저의 우측 상단의 점 세 개 버튼을 클릭하시고 [북마크 및 목록] - [모든 북마크바 표시]를 누르면 숨겨진 북마크바가 나타나게 됩니다. 학생들이 크롬북과 크롬브라우저를 사용하고 있다면 초기 설정으로는 북마크바가 숨겨진 상태일 겁니다. 아래의 방법대로 학생들에게 안내해주면 LMS로 빠르게 접속할 수 있습니다.

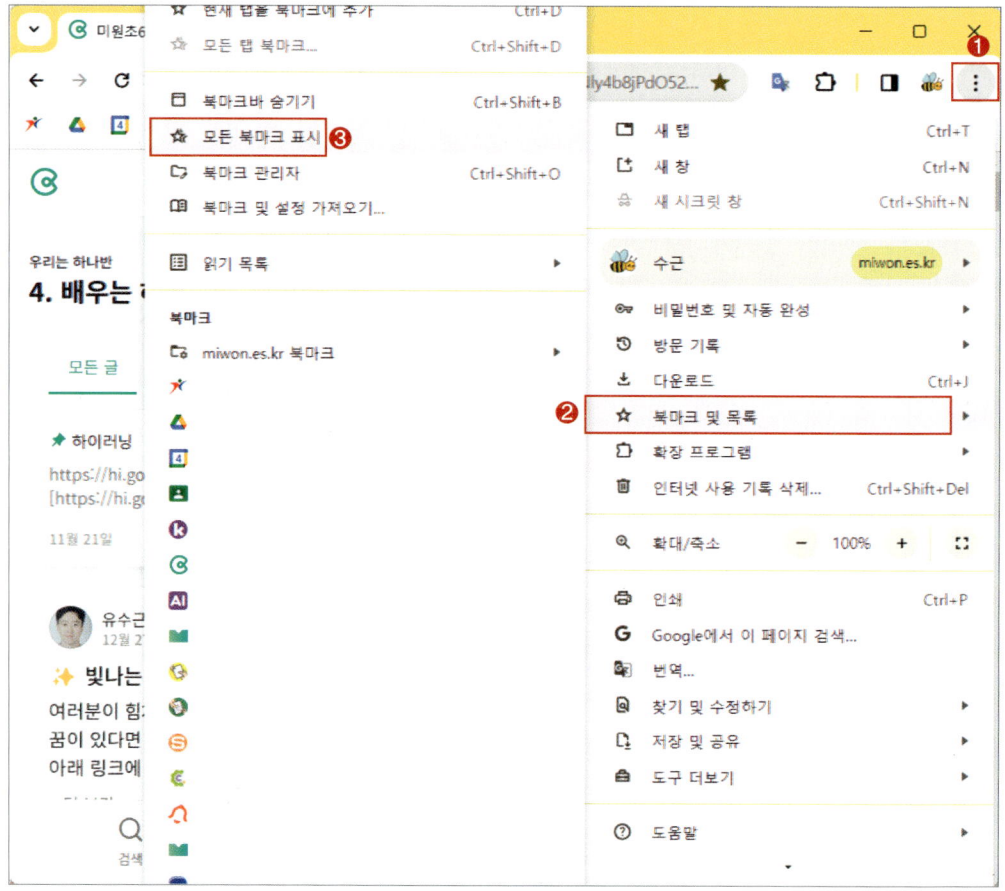

▲ 북마크 표시 선택

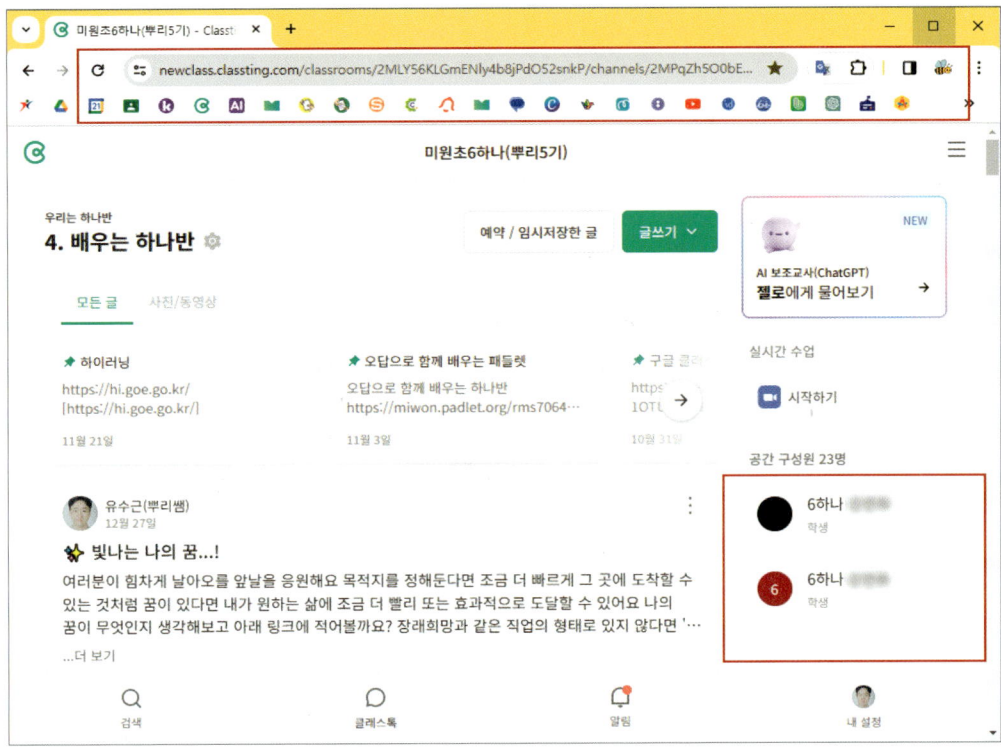

▲ 북마크 표시

자주 사용하는 에듀테크는 잘 보이는 곳에

 기본적으로 LMS 사이트를 북마크 추가해 놓기는 하지만, 북마크가 여러 개가 되면 학생들이 헷갈릴 수 있습니다. 자주 사용하는 사이트를 북마크처럼 고정하고 싶을 땐 각 LMS의 고정기능을 활용하면 좋습니다. 북마크는 학생들 각자의 브라우저에서 고정하는 것이기 때문에 교사가 통제할 수 없지만 LMS에서 고정하는 링크는 교사가 수정하거나 삭제할 수 있기 때문에 관리측면에서도 편리합니다.

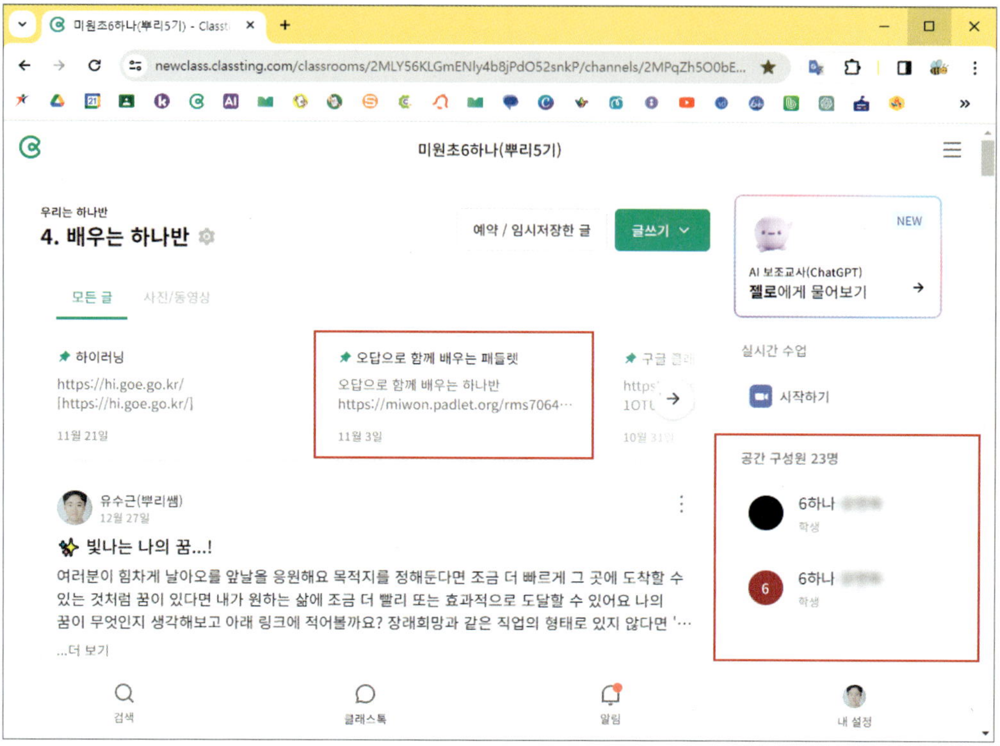

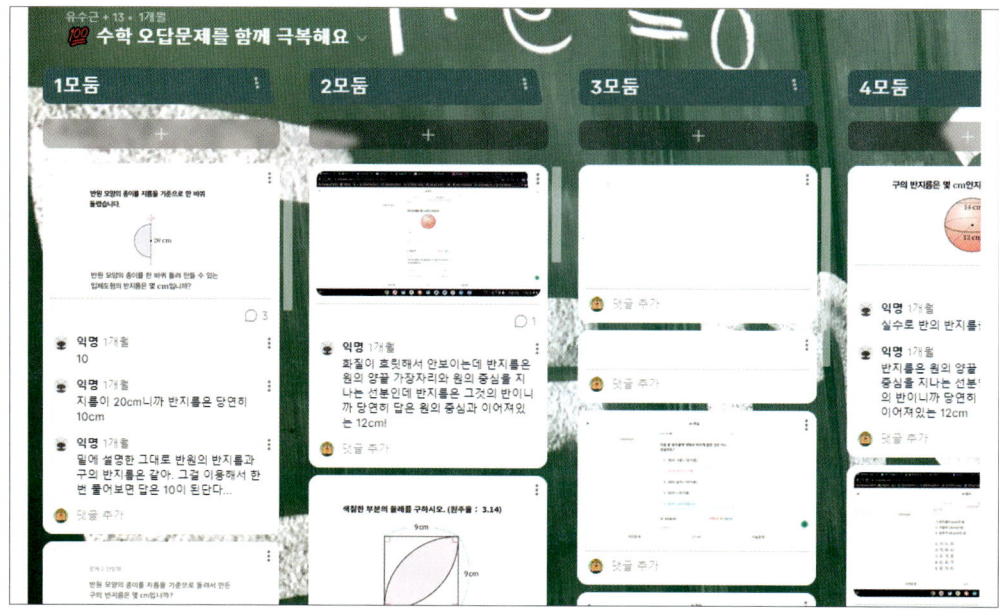

▲ 학생들의 이름 모자이크, 중앙에 핀으로 고정된 "오답으로 함께 배우는 패들렛"

▲ 오답으로 함께 배우는 패들렛

48 교실에서 바로 통하는 배움중심수업 에듀테크와 AI로 확! 잡자

〃 태블릿이 벽이 되지 않도록

저희 교실은 크롬북을 사용합니다. 크롬북은 화면과 키보드가 연결되어 있어 마치 노트북처럼 사용할 수 있습니다. 학생들이 크롬북을 활용해 모둠활동을 할 때 그들의 옆으로 가면, 세워진 크롬북의 화면이 마치 '벽'처럼 느껴질 때가 있습니다. 자판을 굳이 이용할 필요가 없을 때는 크롬북을 360°로 접어 태블릿처럼 이용하도록 하면 자연스럽게 서로가 서로를 마주볼 수 있는 환경이 만들어집니다. 친구들을 잘 관찰할 수 있는 분위기를 만들어 주는 것도 학생들 간의 소통을 촉진하는 데에 도움이 됩니다.

▲ 대화가 단절된 모습

▲ 크롬북을 360°로 접어 서로가 편하게 보이는 모습

알지오 매스는 무료 이용

알지오 매스는 한국창의과학재단에서 만든 무료 에듀테크 입니다. 점, 선, 면, 평면도형, 입체도형 등에 대한 개념을 익힐 때에 효과적으로 활용할 수 있는 에듀테크입니다.

- 알지오 매스 홈페이지 URL : https://www.algeomath.kr/algeo/main.do

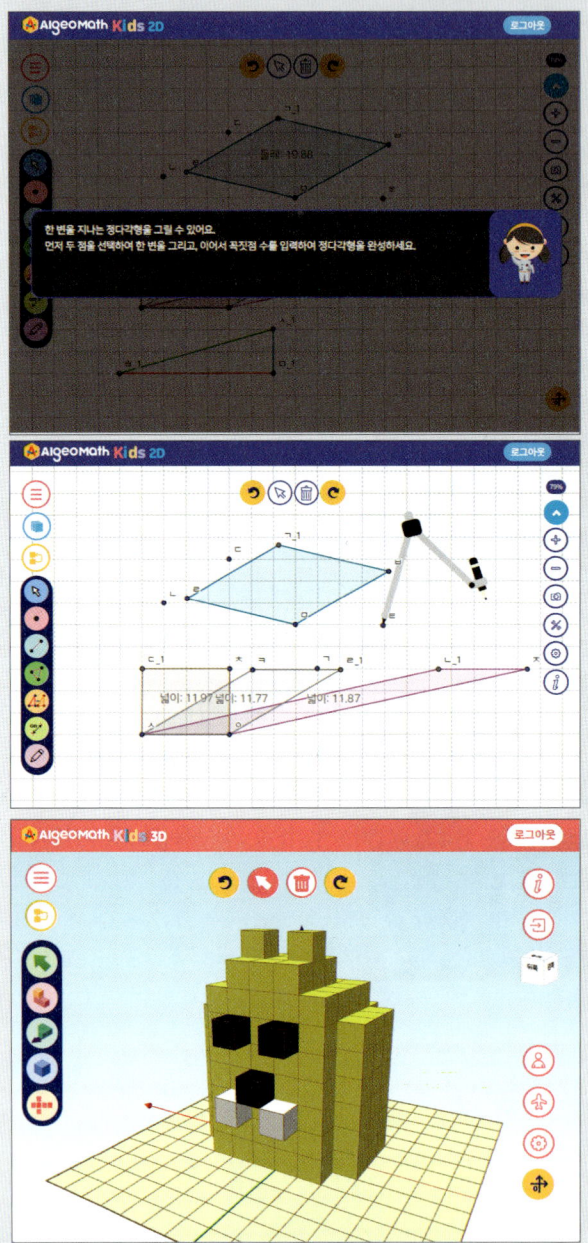

Special Page _ 쌓기나무 어디있지? 이제 그만! 알지오 매스(AlgeoMath)

알지오 매스는 한국과학창의재단에서 만든, 수학 교과를 학습할 때에 효과적인 에듀테크입니다. 특히, 측정, 도형 영역의 단원을 다룰 때에 유용합니다. 알지오매스는 단순히 도형을 찍어 옮기는 형태의 도구가 아니라, 도형이 만들어지는 과정을 방법을 알려주고 직접 해볼 수 있도록 지원합니다. 페이지를 열고 처음 클릭하는 기능은 아래 그림처럼 가이드가 팝업으로 나타납니다. 선분을 만들고자 할 때엔 일정 길이의 선분이 바로 나타나는 것이 아니라 한 점을 우선 찍어야하고 다른 한 점을 또 찍어야 선분이 완성됩니다. 평행사변형을 만들 때에는 가상의 선으로 이해를 돕습니다. 두 점을 찍어 한 밑변을 만들게 되면 마우스를 움직일 때에 가는 실선으로 가상의 평행사변형이 형성됩니다. 마우스를 따라서 변하는 모습을 보며 학생들은 다양한 평행사변형의 모습을 직접 조작하며 확인할 수 있습니다.

알지오 매스는 3D도 지원하기 때문에 쌓기나무 수업을 할 때에도 편리합니다. 에듀테크를 활용하기 때문에 현실에서는 구현할 수 없는 공중에 떠있는 쌓기나무를 구현하기도 합니다. 바닥에서부터 쌓아올린 위, 앞, 옆의 모습이 아닐 수도 있기 때문에 더욱 다양한 경우의 수를 생각해가며 원래 도형의 모습을 맞추는 활동을 할 수도 있습니다. 더불어 알지오 매스는 블록 코딩을 이용해서 도형을 그리는 기능도 지원하고 있습니다. 정보교육과 수학 교과를 연계하고자 할 때에 정말 효과적으로 활용할 수 있는 프로그램입니다.

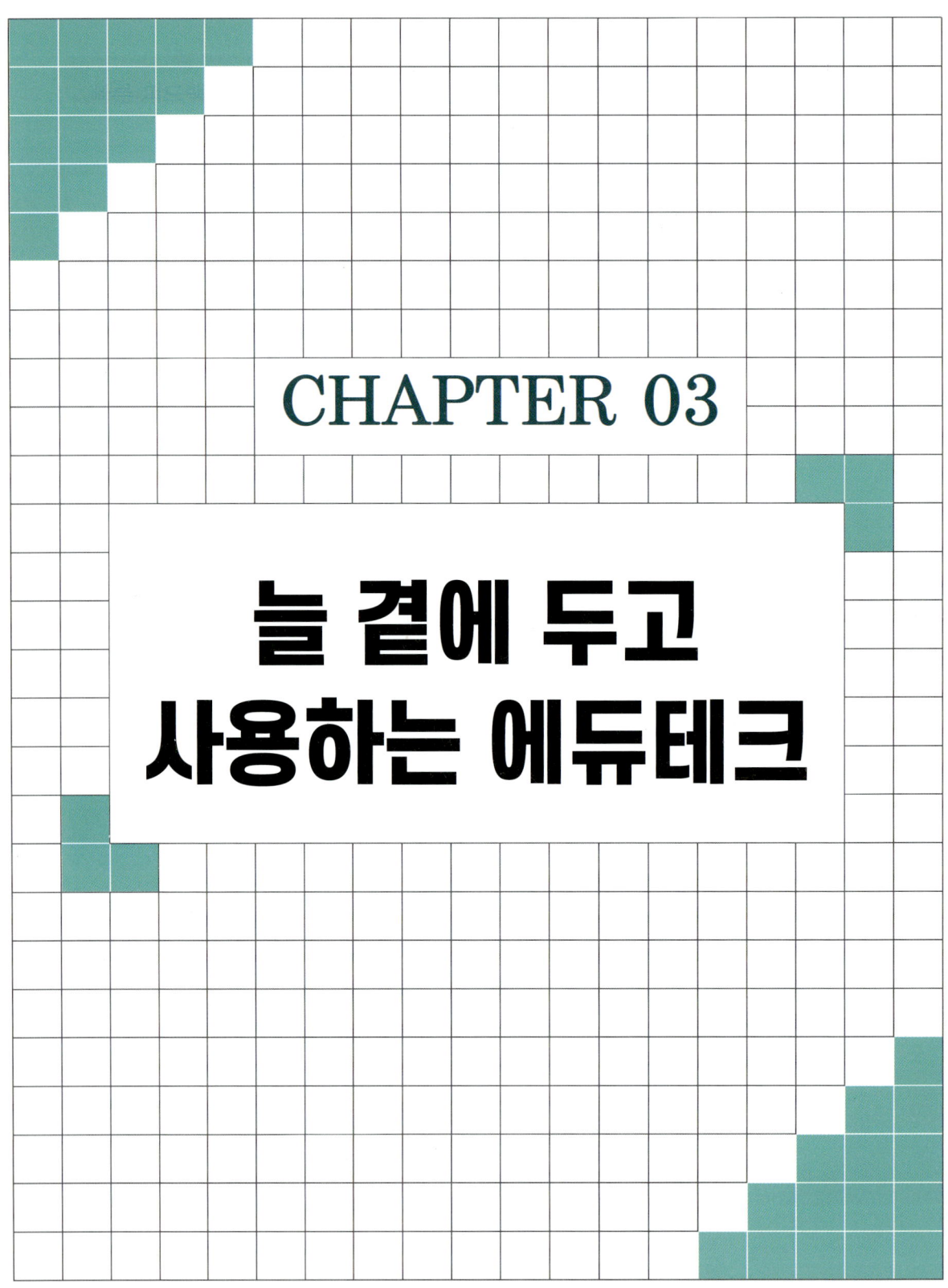

CHAPTER 03

늘 곁에 두고 사용하는 에듀테크

무엇이든 자주 사용하기 위해선 쉽고 편해야 하고 또 가까이 있어야 합니다. 어쩌면 그 프로그램의 유용성 보다고 중요한 요소일 것 같습니다. 이번 장에서 소개해 드리는 에듀테크들은 기능을 몇 가지 익혀놓으면 수업 루틴의 하나로서 사용할 수도 있을 만큼 자주 사용할 수 있습니다. 충분히 교실에서 사용하실 수 있으면서도 수업 접근성과 활용성이 높은 프로그램들을 안내해드리고자 합니다. 안내해드리는 프로그램들의 기능들을 익히신다면 에듀테크를 활용해 학생들과 편하게 소통할 수 있으며 교육적인 효과성과 효율성 역시 획기적으로 높일 수 있습니다.

03-(1) 올인원 디자인 저작도구, 캔바

캔바는 웹기반의 온라인 디자인 저작도구입니다. 다양한 템플릿, 요소, 폰트들이 있으며 포스터, 카드뉴스, 프레젠테이션, 문서 등을 쉽게 제작할 수 있습니다. 코로나 19가 기승을 부리던 2020년에는 콘텐츠는 많았지만 한국적인 감성의 콘텐츠들은 많지 않았습니다. 한글로 검색했을 때에 검색되는 양도 비교적 적었습니다. 예쁘기는 하지만 수정해야할 요소들이 많아 불편하였습니다. 그러나 2022년 이후로 한국적 감성에 어울리는 템플릿과 요소도 많이 추가되었으며, 한글로 검색해도 훌륭한 콘텐츠들을 쉽게 찾을 수 있습니다.

▲ 캔바 로고

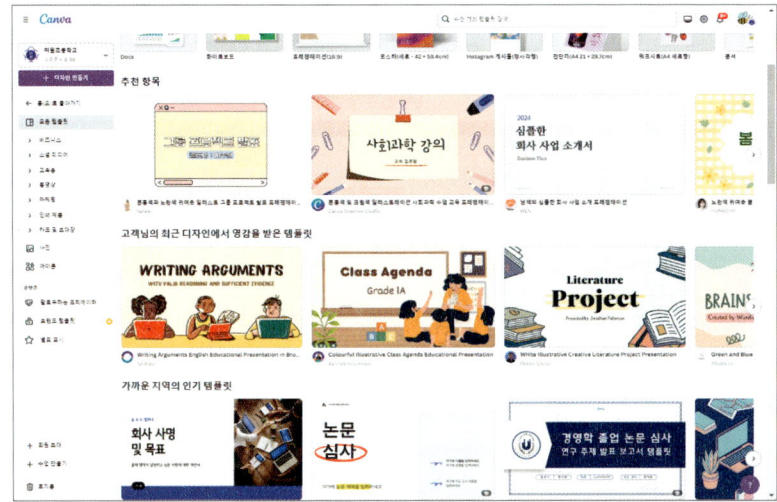

▲ 다양한 템플릿이 많은 캔바

2021년 이후로는 동영상 제작 및 편집기능까지 추가되었으며, 나아가 생성형AI를 활용한 이미지 및 텍스트 생성기능까지 추가되었습니다. 물론, 각각의 양식들을 전문적으로 제작하는 개별 프로그램들에 비해서는 기능이 부족할 수 있지만 수업 중 활동자료 제작 및 공유 목적으로 이용하기엔 충분히 훌륭합니다.

'캔바'의 장점
교육용 캔바는 무료

캔바는 기본적으로 무료로도 충분히 이용가능한 프로그램이기는 하지만, 유료버전으로 이용할 때에 더욱 많은 탬플릿과 요소들을 활용할 수 있습니다. 유료로 이용할 경우엔 1년에 129,000원의 비용이 발생합니다만, 교사라면 캔바를 무료로 이용할 수 있습니다. 캔바는 자격을 갖춘 교육시설에서 근무하는 교사에게는 100% 무료로 콘텐츠를 이용할 수 있도록 하고 있습니다.

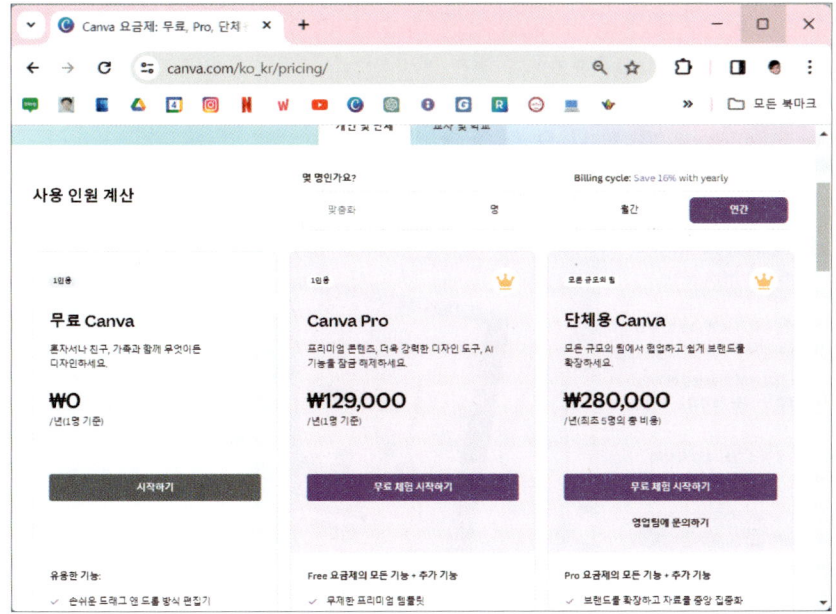

▲ 일반 이용시 요금제(2024. 10. 14)기준

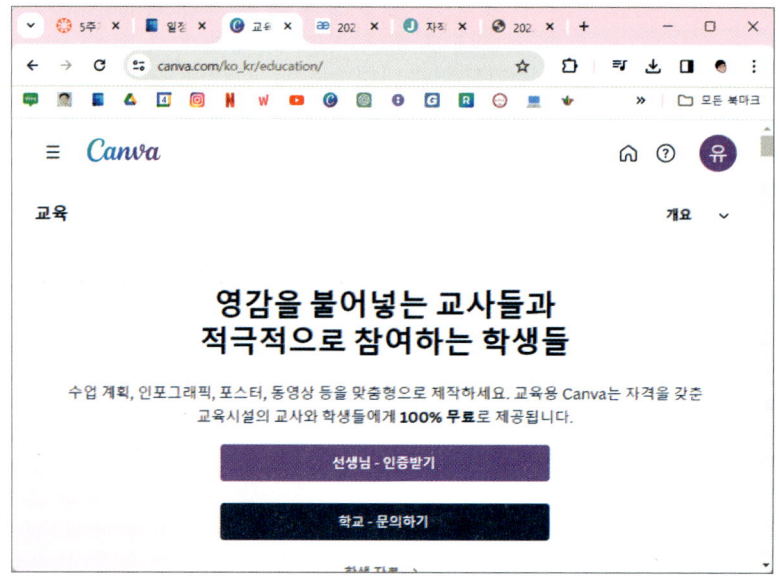

▲ 교사 이용시 요금제

캔바 홈에서 상단 탭의 [요금제] – [교육] – [선생님 인증받기]의 경로로 들어가시면 "교육용 Canva 무료 사용 신청"이 가능합니다. 공무원증 사본 또는 재직증명서를 제출하면 검토 후 결과를 알려줍니다. 보통은 1주일 이내로 확인할 수 있습니다.

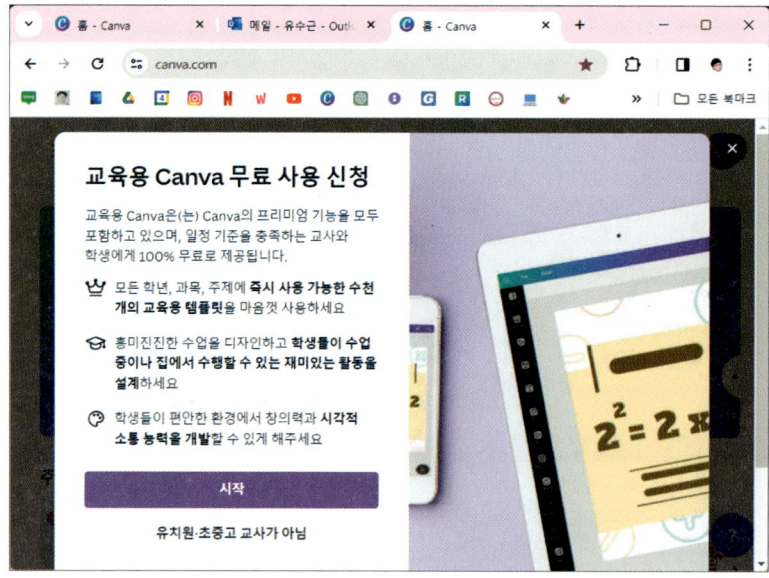

▲ 교육용 캔바 무료사용 신청

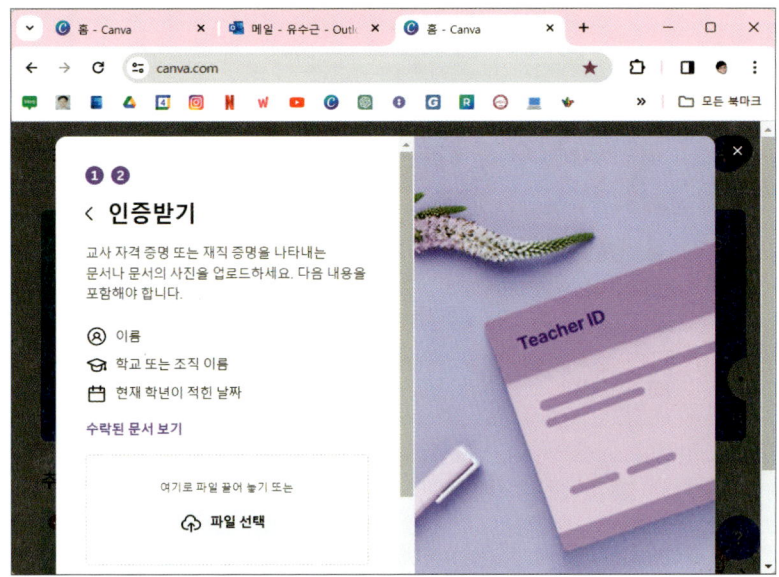

▲ 교육용 캔바 인증받기

실시간 동시협업 및 소통

캔바는 웹으로 접속하는 클라우드 기반 프로그램입니다. 링크만 있다면 모두 함께 한 슬라이드, 화이트보드, 영상에 접속하여 동시에 작업할 수 있습니다. 실시간 동시 협업의 장점은 협력학습에만 있는 것이 아니라 학습 및 문제 해결과정을 공유할 수 있어, 다소 학습내용을 어려워하는 학생일지라도 다른 친구들의 풀이를 보며 함께 배울 수 있다는 것입니다.

학급에서 사용하고 있는 LMS(구글 클래스룸, 클래스팅 등)가 있다면 게시판에 링크를 게시하여 학생들에게 전달하면 빠르고 편리합니다. 모둠으로 과제를 줄 수도 있고 학습 과제물들을 한번에 모아보기에도 편리합니다.

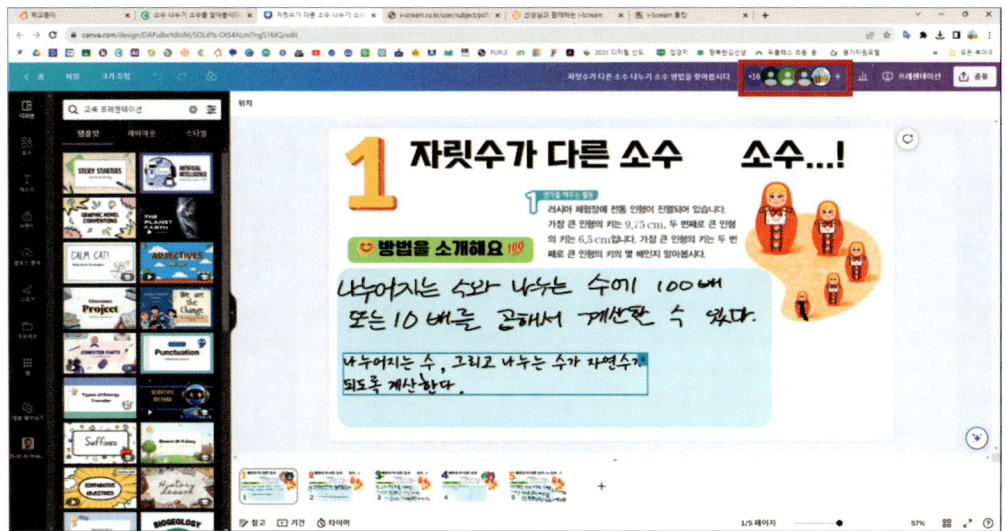

▲ 한 슬라이드에 여러 학생이 동시에 접속해서 함께 문제를 해결하는 모습

자체 LMS 및 타사(他社) LMS와 연계 가능

캔바의 장점 중 하나는 캔바에서 자체적으로 과제를 배부하고 수합할 수 있는 LMS(Learning Management System)을 어느정도 갖추고있다는 점입니다. 선생님들이 캔바에서 만든 자료들을 템플릿처럼 사용하여 학생들에게 각각 배부할 수 있으며 학생들은 [교사에게 보내기] 기능을 통해 작업한 결과물들을 교사에게 다시 보낼 수 있습니다. 또한 구글 클래스룸, 마이크로소프트 팀즈와 연계가 가능합니다. 선생님들께서 구글 클래스룸이나 마이크로소프트 팀즈를 LMS로 이용하고 계시다면, 따로 구글 클래스룸 또는 팀즈로 접속하여 캔바의 자료를 업로드하는 것이 아니라 캔바에서 바로 각 LMS의 게시판에 과제를 업로드할 수 있습니다.

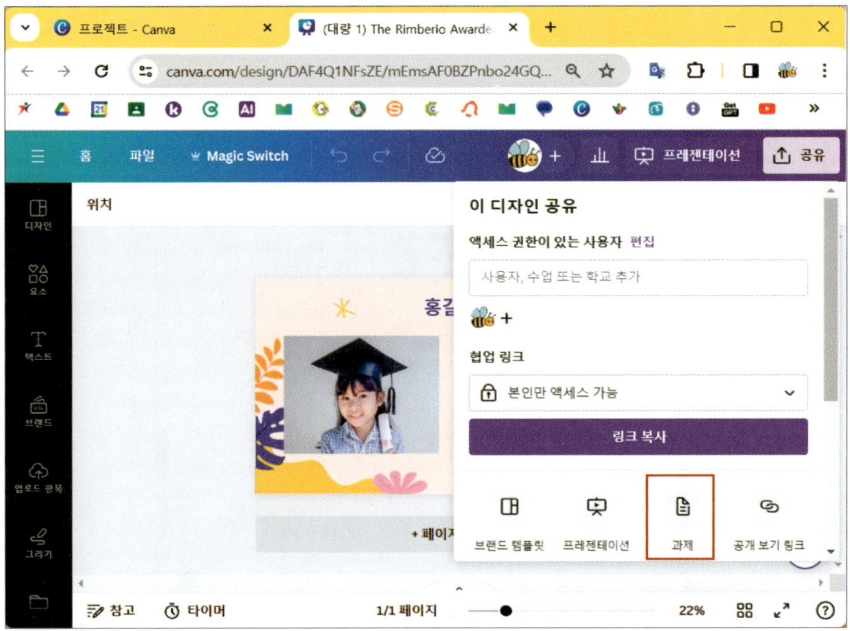

▲ 캔바와 호환되는 LMS에 '과제'를 바로 배부할 수 있다.

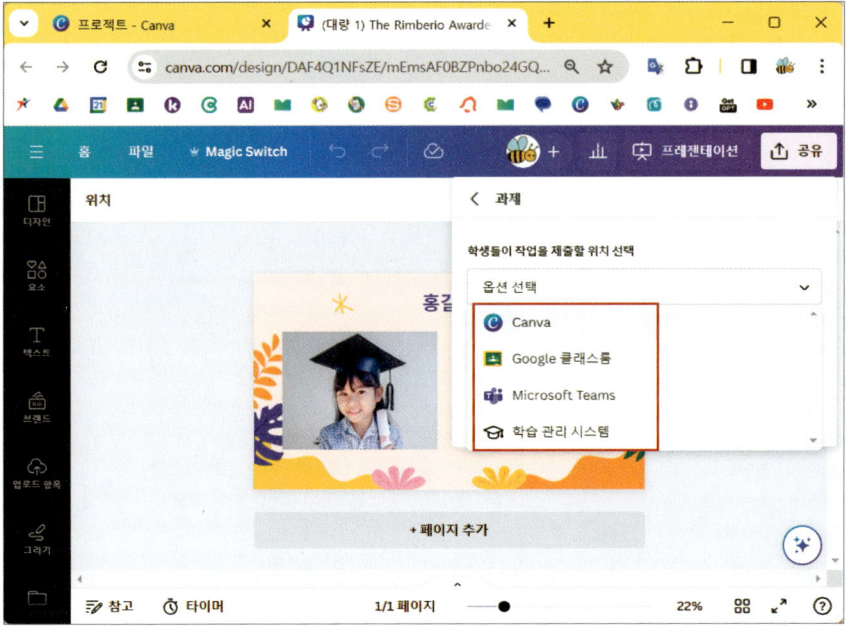

▲ 다른 기관의 LMS와 연계가 가능한 캔바

Chapter 03_늘 곁에 두고 사용하는 에듀테크

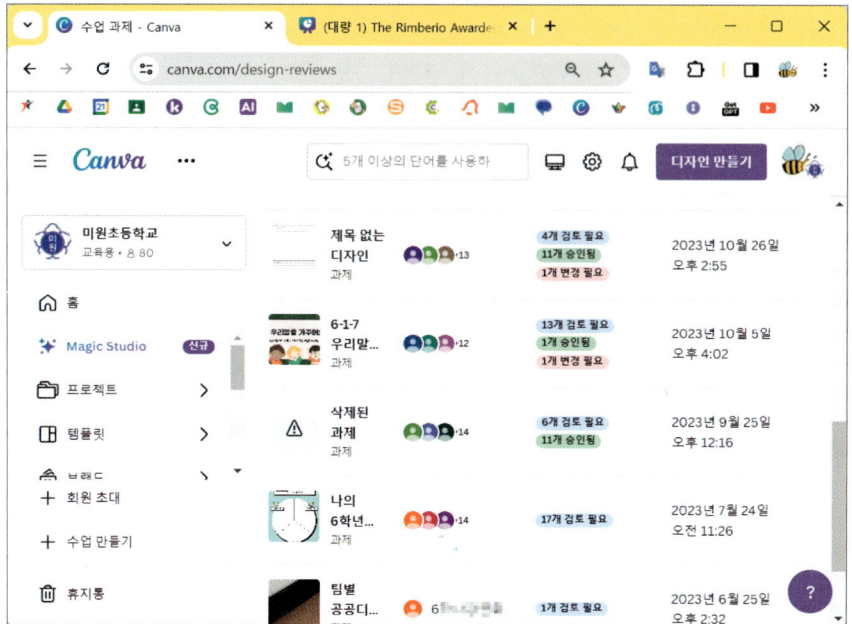

▲ 캔바를 통해 과제를 배부하고 수합하는 장면

수업에 사용하는 '캔바' 주요 기능

실시간 소통 및 학습 결과물 게시의 장, 화이트보드

캔바의 홈페이지 중앙을 보시면 초록색 아이콘을 클릭하면 [화이트보드] 기능을 이용할 수 있습니다. 화이트보드는 넓은 무제한 도화지라고 생각하시면 됩니다. 상하 스크롤이나, 정해진 규격 안에서만 활동하는 것이 아니라 원하는 공간을 마음껏 사용하며 자유롭게 협업할 수 있습니다.

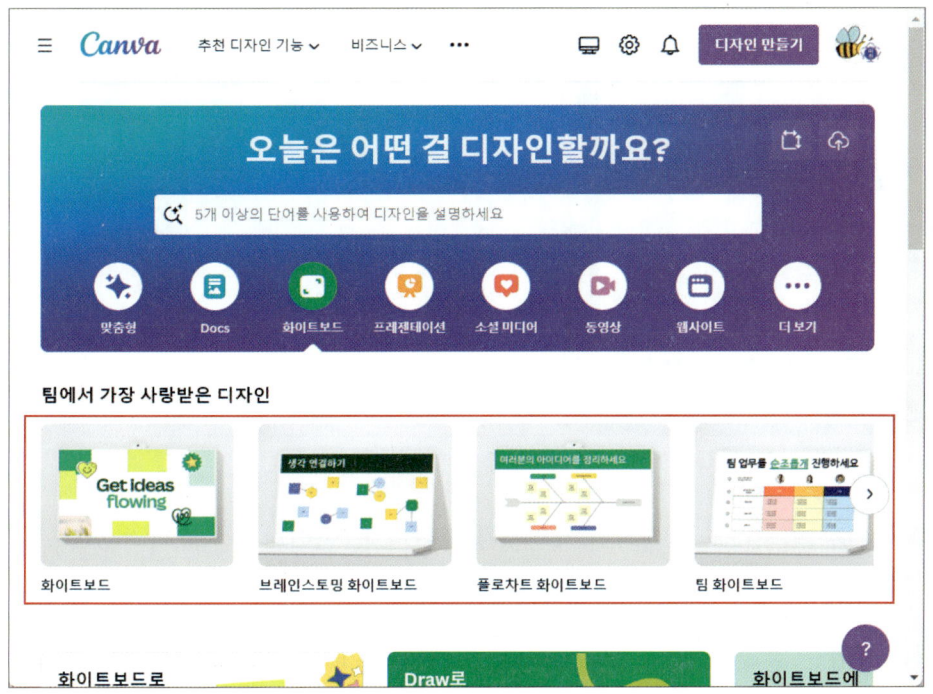

▲ 캔바 홈페이지 접속] – [화이트보드] 클릭 후 나타나는 장면

화이트보드는 내 마음대로 무엇이든 붙일 수 있는 자유도가 있습니다. 학생들은 캔바의 요소, 그리기 기능을 활용해 자유롭게 자신의 아이디어를 브레인스토밍 할 수 있도록 지도할 수 있습니다. 그러나 지나치게 자유로운 도화지를 주면 학생들은 당황하기 마련입니다. 좌측의 패널에서 [추천 탬플릿]에 들어가셔서 캔바에서 제공하는 여러

템플릿들을 활용하시면 학생들이 아이디어를 낼 때에 조금 더 안정감 있게 가이드를 받을 수 있습니다.

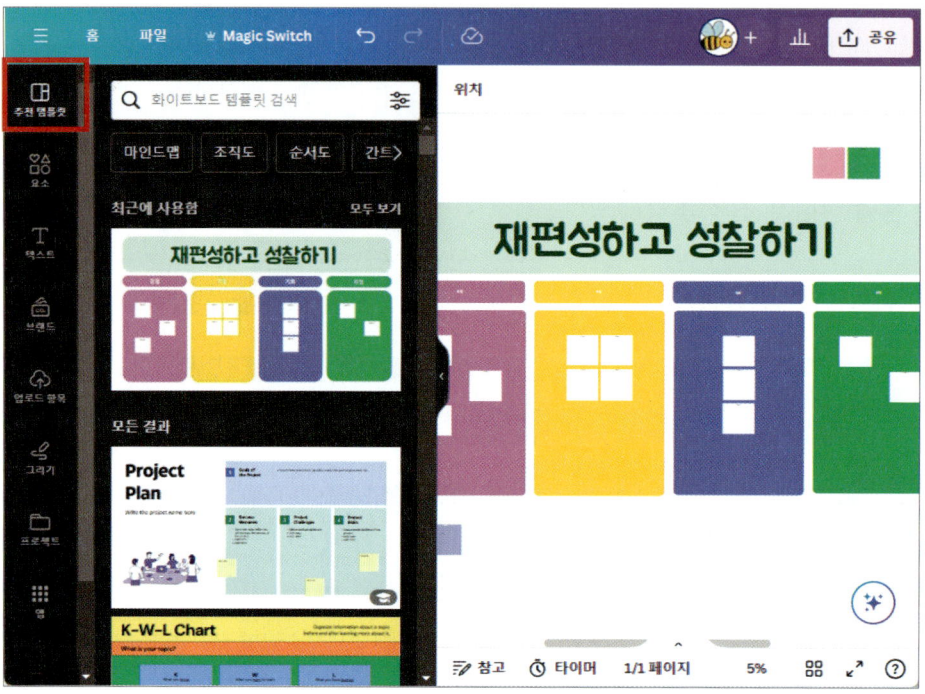

▲ 캔바 화이트 보드에서 볼 수 있는 추천 템플릿

빈 화이트보드일지라도 교육적인 효과는 훌륭합니다. 아이디어를 효과적으로 브레인스토밍하거나 발전시켜나가는 과정이 아니라 그저 함께 공유하는 것만으로도 학생들은 많은 영감을 얻을 수 있기 때문입니다. 아래의 이미지는 초등학교 6학년 학생들을 대상으로 진행한 수업입니다. 학생들은 한글날을 맞아 순 우리말을 조사하고 팝아트처럼 표현해 보았습니다. 그리고 표현한 것을 캔바의 [화이트보드]에 업로드 하였습니다. 학생들은 자신의 이미지를 클릭하고 댓글로 순우리말의 뜻과 자신의 제작의도를 남겼으며, 다른 학생들의 작품을 보고 멋지다며 피드백을 남기기도 하였습니다. 이렇게 [화이트보드]를 작품을 공유할 때 활용하면 학생들이 서로의 작품을 한눈에 볼 수 있어 빠르게 여러 작품을 볼 수 있습니다. 친구들의 작품을 감상하며 정말 멋지고 대단하다고 생각한 작품은 자리에서 일어나 직접 가서 보기도 합니다.

▲ 캔바 화이트보드에 활동작품을 공유하는 수업

함께 배우는 공간, 슬라이드

보통 프레젠테이션 양식은 모둠활동을 할 때 또는 개인이 발표자료를 만들 때 사용하곤 합니다. 화이트보드는 넓은 자유로운 느낌과 공간감을 느낄 수 있지만 프레젠테이션 기능에서 볼 수 있는 각각의 슬라이드는 안정적인 느낌과 몰입감을 줍니다. 목표를 정하고 과제를 집중력있게 수행할 때에 활용하면 좋습니다. 교육자 인증을 마치시면 캔바 홈페이지에서 [맞춤형] 항목에 [교육용 프레젠테이션]으로 바로 들어가시면 됩니다. 교육자 인증을 하지 않으셨다면 중앙의 [프레젠테이션]을 클릭하여 들어가시면 됩니다.

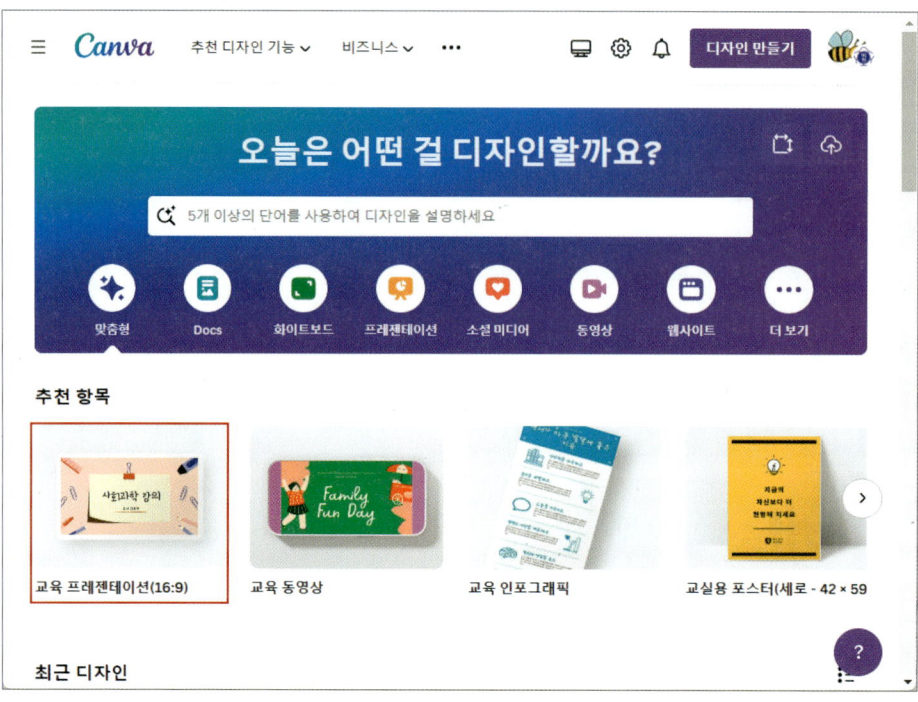

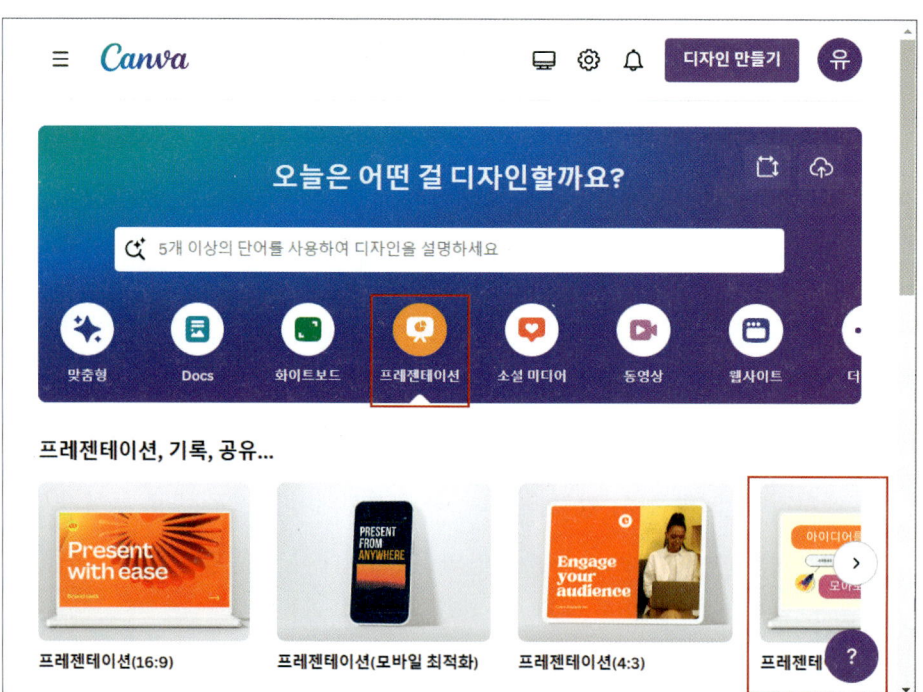

모둠별로 하나의 슬라이드에 접속하여 문제를 해결할 수 있도록하면, 모둠 학생들은 함께 문제를 해결해나가는 과정을 눈앞에서 관찰할 수 있습니다. 이때 캔바의 좌측 탭에서 [그리기] 기능과 스타일러스 펜을 이용하면 친구들이 차근차근 풀이과정을 적어나가는 모습을 볼 수 있어 학습 수준이 낮은 학생들에게도 배움이 발생하는 시간이 됩니다.

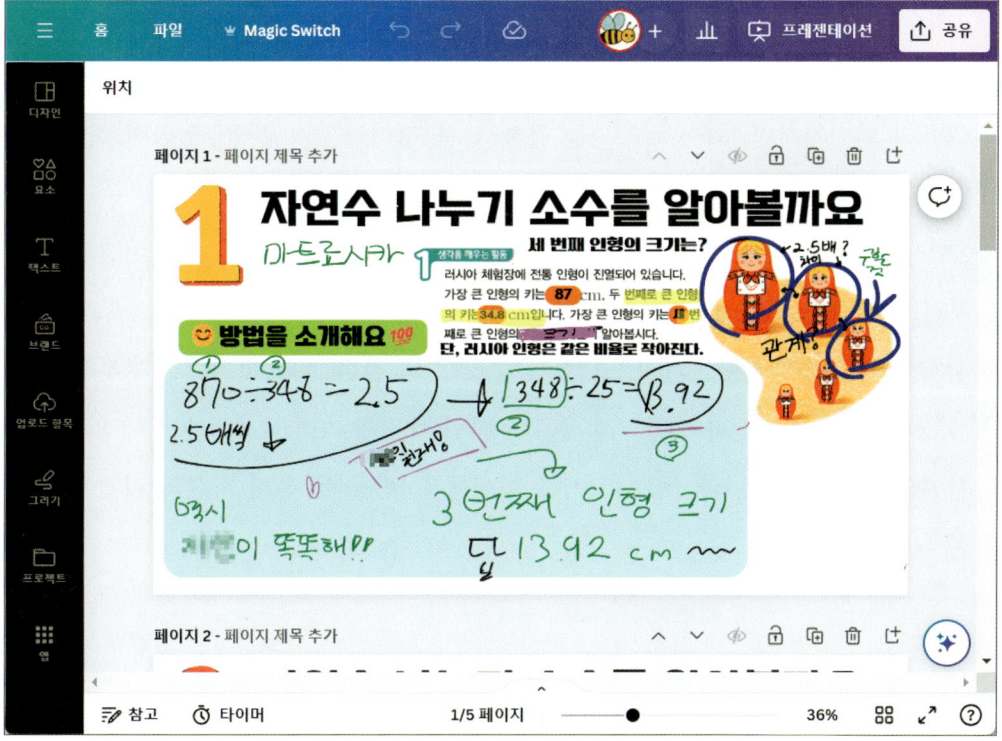

▲ 캔바 슬라이드에서 함께 문제풀기

Chapter 03_늘 곁에 두고 사용하는 에듀테크　65

피드백은 나의 힘, 댓글 기능

교육의 꽃은 평가가 아닐까 생각합니다. 정식으로 치르는 수행평가 뿐만 아니라 수업에 참여하며 발생하는 자기평가와 동료평가 등의 크고 작은 평가들은 학생을 성장시킵니다.

캔바에는 이미지, 텍스트, 요소 등에 자신의 생각을 표현 할 수 있는 기능이 있습니다. 텍스트에 댓글을 달며 특정 의견에 동의하거나 반대하는 내용을 담을 수도 있고, 이미지나 요소에 댓글을 달아 찬성 또는 반대한다는 반응 표시를 할 수도 있습니다.

다음의 이미지처럼 [화이트보드]를 통해 작품 갤러리를 마련해두었다면 학생들에게 친구들의 작품의 잘한 점을 찾아 칭찬하는 댓글을 다는 활동을 안내할 수 있습니다. 학생들이 발전적인 피드백을 할 수 있는 분위기가 형성되어있다면, 어떤 부분을 고치면 더 좋을지에 대해서도 이야기해 보는 것도 좋습니다.

학생들은 이러한 친구들의 피드백을 통해 자신의 잘한 점과 고쳐나갈 부분을 배우며 성장해 나갑니다. 캔바 댓글 기능을 활용하면 빠르게 여러 작품들에 대해 피드백을 남길 수 있을 뿐만 아니라, 표현이 서툰 학생들은 [반응]을 통해 자신의 의견을 표현할 수 있습니다.

▲ 캔바의 댓글 기능. 이미지와 함께있는 프로필 표시는 댓글이 달려있다는 뜻

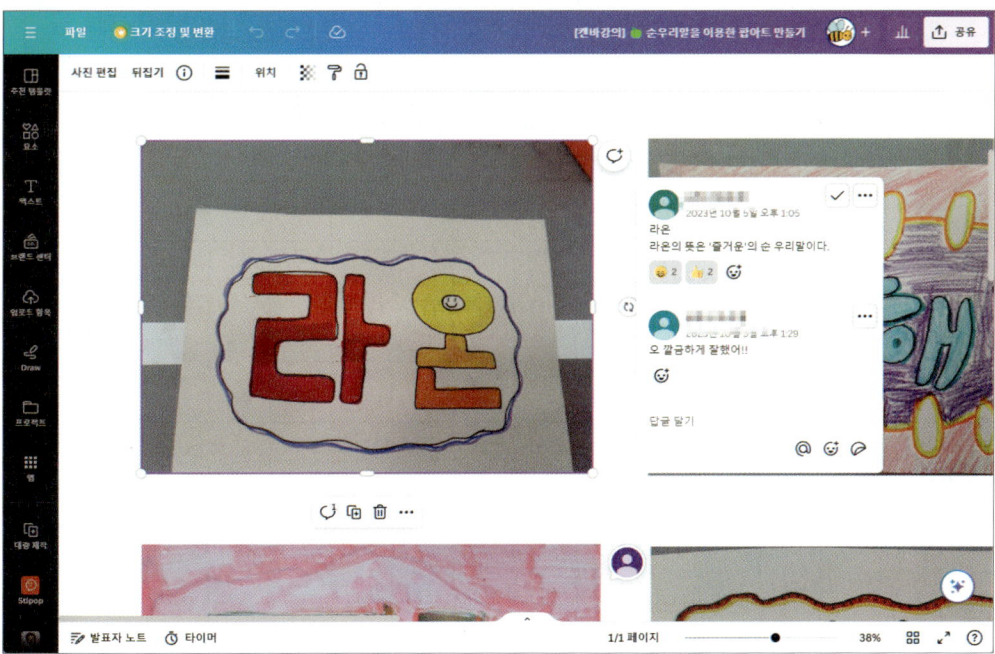

▲ 댓글과 반응 기능으로 친구들의 작품에 피드백 하기

❝ 태블릿이 교사의 말을 막는 벽이 되지 않도록

학생들은 기본적으로 태블릿을 활용한 수업을 좋아합니다. 그래서 교사의 활동안내를 제대로 듣지 않고 시작하는 경우가 많습니다. 그래서 링크를 공유하여 실시간 협력수업을 할 때에는 학생들에게 처음에 캔바의 링크를 줄 때엔 [보기 가능] 권한으로 주시고, 설명을 충분히 해 주신 다음에 [편집 가능]으로 권한을 변경해주시면 좋습니다. 학생들은 [편집 가능] 권한이 되어야 수정할 수 있기 때문입니다.

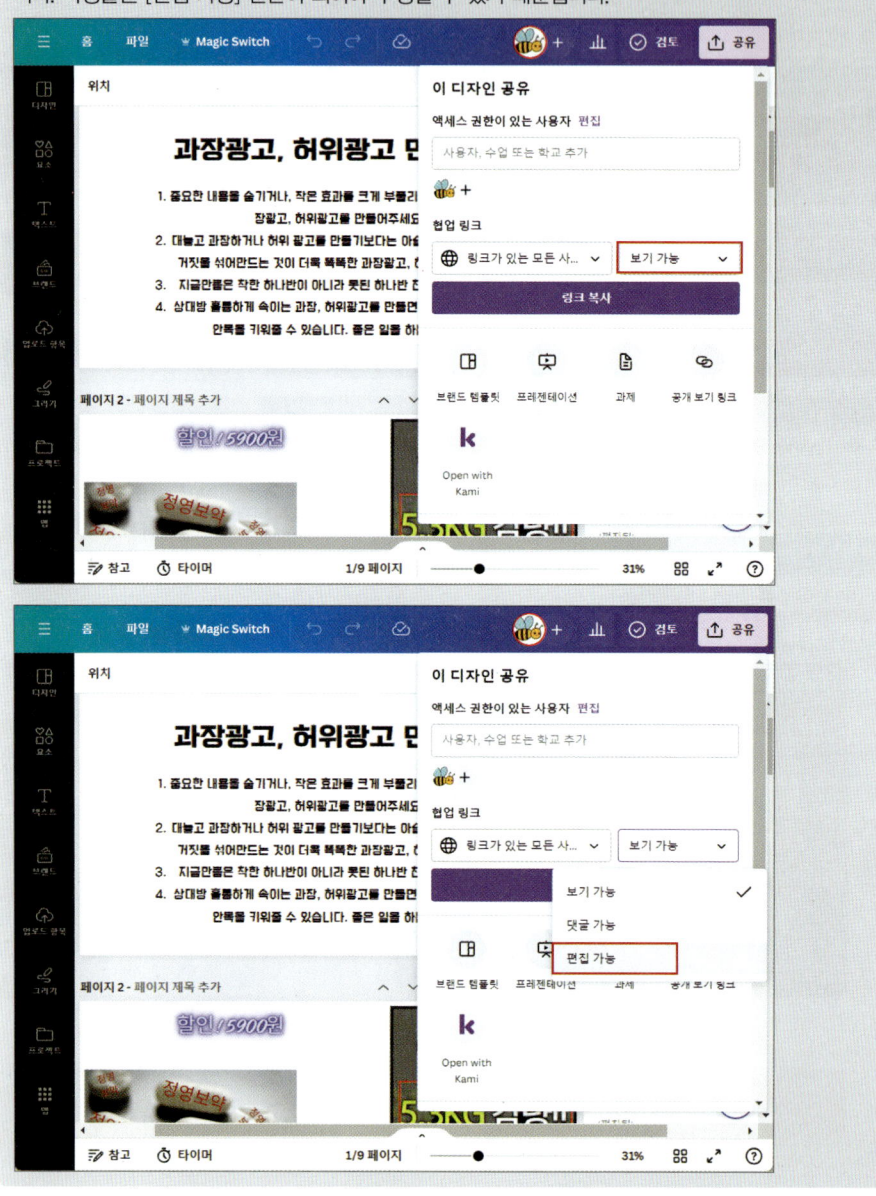

03-(2) 교사와 학생이 상호작용하는 에듀테크 활용수업, 클래스툴

▲ 클래스툴 로고

http://www.ctool.co.kr
▲ 클래스툴 홈페이지 접속 QR코드

▲ 클래스툴 소개 카드뉴스[4]

'클래스툴' 소개 및 장점

클래스툴은 ㈜아이스크림미디어의 프로그램으로 교사와 학생의 상호작용을 돕는 웹기반 온·오프라인 양방향 수업도구 입니다. 교사가 학생들에게 학습자료를 전송하고 학생들은 배포받은 학습자료에 반응하는 방식으로 상호작용하는 프로그램입니다.

[4] 출처. ㈜아이스크림미디어

교과서, PPT, PDF, 디지털교과서 등 초·중·고 교사가 가지고 있는 대부분의 자료 결합하여 범용적으로 사용할 수 있어 편리합니다. 특히, 초등학교 교사라면 아이스크림 미디어의 콘텐츠가 친숙하기 때문에 접근성도 무척 뛰어납니다. 나아가, 학생이 수업에 집중할 수 있도록 학생들의 화면을 통제할 수 있습니다.

▲ 교사가 OX퀴즈 문제를 냈을 때 학생들에게 내용이 전송되는 모습

클래스툴의 주요기능

클래스툴은 [웹링크 전송], [콘텐츠 전송], [OX 퀴즈], [객관식], [주관식], [화이트보드]와 같은 학습용 상호작용 기능들과 [툴킷], [선착순 Buzzer], [주의 집중]과 같은 학생 참여 유도 도구들로 구성되어있습니다.

웹링크 전송 : 웹 주소 학생에게 전송

[웹링크 전송] 기능은 학생들이 헤매지 않고 필요한 웹 주소에 도달할 수 있도록 도와줍니다. 교사가 교실의 TV로 화면을 보여주며 차근차근 보여주어 원하는 사이트에 접속할 수 있도록 지도하는 것 보다, 바로 클래스툴을 통해 링크를 전송해 줄 수 있기 때문에 훨씬 효율적입니다. 학생들이 선생님이 가르쳐주는 접속 단계를 놓칠일도 없습니다. 그저 "클래스툴 화면에 띄워준 링크를 클릭하렴"이라고 말해주면 됩니다.

콘텐츠 전송

교육콘텐츠 학생에게 전송(ER Bank[5] 콘텐츠, 구글 이미지, 유튜브 동영상, 개인 이미지) [웹링크 전송]처럼 콘텐츠가 있는 웹사이트로 접속할 수도 있지만, 학생들의 화면에 바로 콘텐츠를 전송하는 방법도 있습니다. [콘텐츠 전송] 기능을 활용하면 바로 재생할 수 있는 유튜브 동영상, 사진, 구글 이미지, ER뱅크의 자료 등을 화면에 띄울 수 있습니다.

---

[5] ER Bank: 아이스크림미디어가 보유한 300만 건 이상의 교육 전문 콘텐츠 아카이브

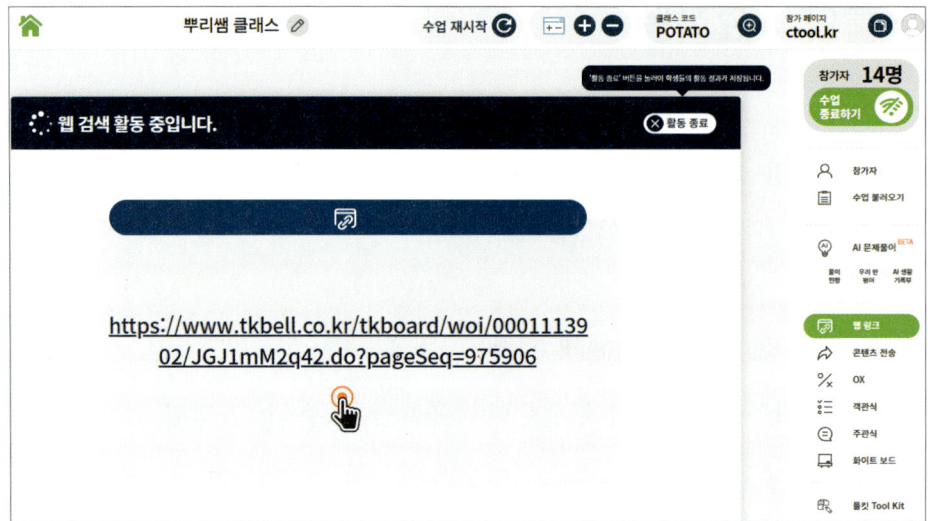

▲ 웹링크 전송 기능

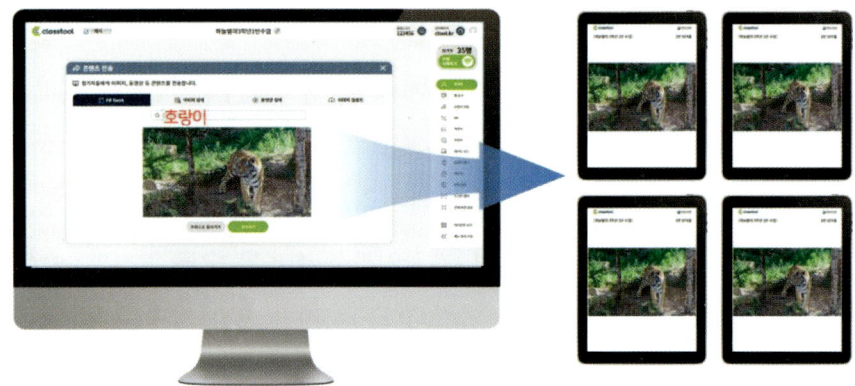

▲ 교사화면에서 전송한 콘텐츠가 학생의 태블릿 화면으로 전송되는 모습

> 💬 **클래스툴에서 공유하는 유튜브 링크에는 광고가 없다?**
> 클래스툴을 통해 제공하는 유튜브 동영상은 광고가 제거된 채로 학생들에게 전송됩니다. 광고 걱정없이 이용할 수 있다는 점 도 클래스툴의 장점입니다.

OX 퀴즈 : OX 퀴즈, 찬성·반대 투표 활동

수업을 시작하며 학생들의 사전학습상태를 점검하거나, 동기유발 목적의 퀴즈 등으로 활용할 수 있습니다. 교사가 클래스툴에서 OX퀴즈를 제공하면 학생들의 화면에 O와 X를 선택할 수 있는 문제가 전송됩니다. 학생들이 선택한 결과는 교사의 화면에서 함께 확인할 수 있습니다.

▲ 클래스툴 OX퀴즈 교사화면과 학생화면

▲ OX퀴즈 결과 화면

객관식 및 주관식

객관식과 주관식 기능은 문제 풀이와 학급 자치활동 활용이 가능합니다. 이 기능의 장점은 질문과 결과 확인에만 활동이 그치는 것이 아니라 답안 결과를 바탕으로 객관식 투표로 연계할 수 있다는 점입니다. 학생들의 의견을 브레인스토밍하고 그 중에 가장 공감을 많이 얻는 아이디어를 선택하는 활동을 할 수 있습니다.

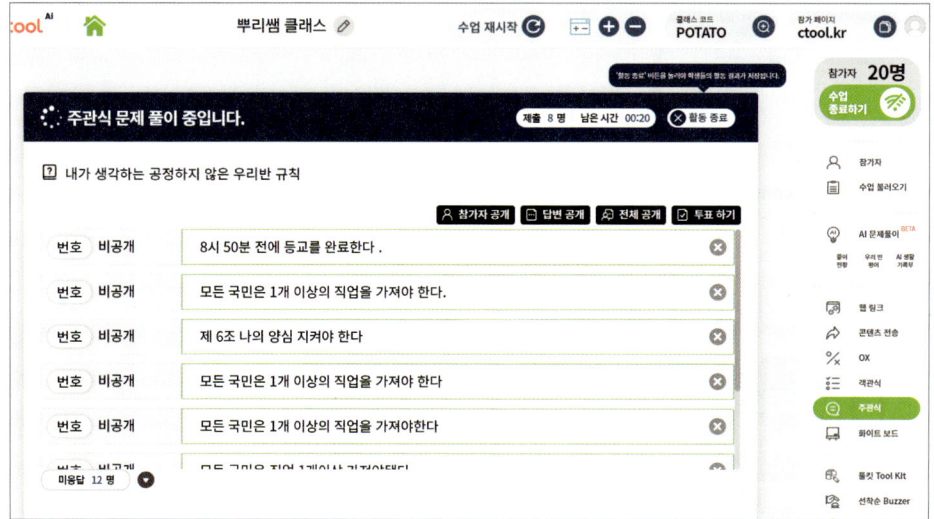

▲ 관식 문제 결과화면. '투표하기'를 누르면 학생들이 제출한 주관식 답안으로 투표를 할 수 있습니다

화이트 보드

학생들이 클래스툴에서 제일 좋아하는 기능 중 하나입니다. 스타일러스펜을 활용해서 교사가 배포한 화이트보드에 그림을 그리거나 글씨를 쓸 수 있습니다. 또는 [텍스트 입력] 기능으로 타자를 쳐서 입력할 수도 있습니다. 교사는 화이트보드 위에 그림을 그린 채로 배포하거나 클립보드에 복사한 이미지를 붙여넣기하여 배포할 수도 있습니다.

▲ 학교를 깨끗하게 만들기 위한 벽화 디자인 아이디어 모으기 활동

학생들이 화이트보드를 제출하면 차곡차곡 교사의 화면에 학생들의 활동들이 올라옵니다. 학생들은 제출하고나면 대기화면으로 전환되기 때문에 교사가 보여주는 화면에 자연스럽게 집중하게 됩니다. 크게 보여주는 화면의 하단에는 [모두에게 공유]라는 버튼이 있습니다. [모두에게 공유]를 통해 한 학생이 제출한 화이트보드를 모든 학생들에게 다시 재배포할 수 있습니다.

▲ 학생이 제출한 화이트보드를 크게 보여준 화면. 하단의 [모두에게 공유] 버튼을 통해 학생이 제출한 화이트보드를 다시 배포할 수 있다

Chapter 03_늘 곁에 두고 사용하는 에듀테크

통제 도구: 주의 집중

[주의 집중] 기능은 강제로 학생들의 클래스툴 활동을 중지시키는 기능입니다. [화이트보드]를 사용하던, [OX퀴즈] 기능을 사용하던 상관없이 [주의 집중] 화면으로 전환됩니다. 하던 활동을 멈추고 선생님을 바라보게 할 수 있습니다. 학생들이 이전 활동에 미련이 남아 다음 활동으로 넘어가기 어려워할 때 사용하면 좋습니다. 아쉽겠지만 만들던 활동이 사라지게 되어 교사의 발문에 집중하게 됩니다. 이렇게 [주의 집중] 기능은 교사가 수업의 통제권을 확실하게 가지고 있다는 것을 보여줄 수 있는 장치 중 하나입니다.

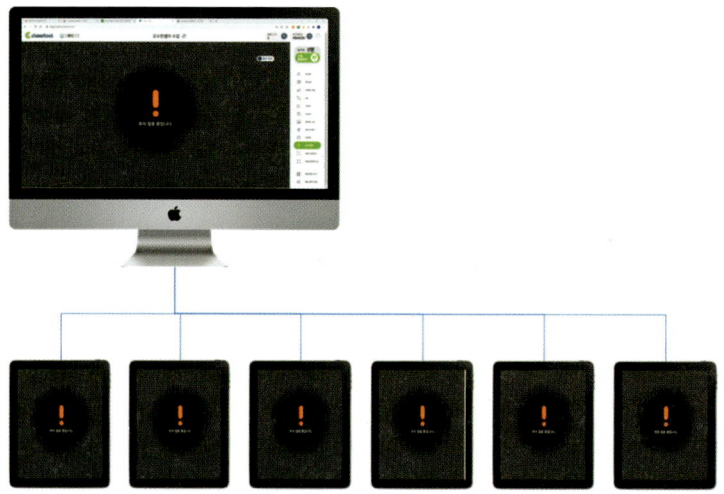

▲ 주의집중 기능 활성화했을 때 예시

통제 도구: 선착순 Buzzer

[선착순 Buzzer]는 먼저 누른 사람이 누구인지 보여주는 기능입니다. 간단하게는 학생들에게 발표를 시킬 때 사용할 수도 있지만 에듀테크 활용 규칙을 몸에 익힐 때 사용할 수도 있습니다. '선착순'이라는 말에 학생들은 교사의 말을 끝까지 듣지 않고 버튼을 누르곤 합니다. 학생들이 선생님의 말을 끝까지 들으며 에듀테크 수업에 참여할 수 있도록 클래스툴을 활용해 선생님의 말을 주의깊게 듣는 훈련을 하면 효과적입

니다. 예를 들어, "훈민정음을 만든 사람은 …"라고 까지만 말해도 학생들은 부저를 누르고 "세종대왕이요!"라고 말할 것입니다. "땡!"이라고 말해주신 후 "훈민정음을 만든 사람은 세종대왕이지요~ 그럼, 훈민정음을 반포한 해는 언제일까요?"라는 식으로 선생님의 말을 끝까지 들어야 했음을 상기시킵니다. 이때 정답을 말하지 못한 학생의 모둠은 점수를 얻지 못한다는 패널티를 부여하면 학생들은 끝까지 선생님의 말을 눈을 반짝이며 듣게 됩니다.

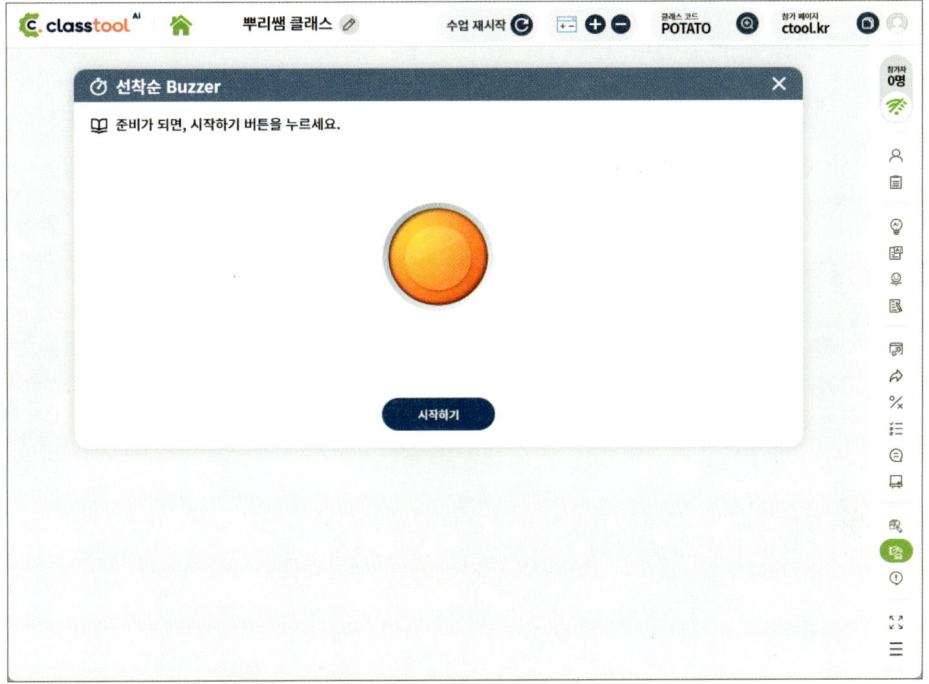

▲ 선착순 부저. 누른 순서대로 학생들의 이름이 나타난다

클래스툴로 만들어가는 배움중심 수업

배움중심 수업이라고 해서 토의·토론만 하는 것은 아닙니다. 학생이 지식을 스스로 구성하는 데에 도움을 줄 수 있다면 설명식 수업과 행동주의적 접근 역시 모두 활용합니다. 배려, 존중, 경청 등의 배움중심 수업을 위해 필요한 태도들은 한순간의 마음먹기로만 완성되지 않습니다. 교사의 꾸준한 반복, 지도와 학생의 노력과 반성이 필요합니다. 배려, 존중, 경청이 몸에 익을 수 있도록 반복해서 훈련하는 것도 배움중심 수업을 위해 꼭 필요한 작업입니다.

특히, 에듀테크를 활용한 수업에서 조심해야 하는 요소는 학생들의 주의력 분산입니다. 태블릿을 손에 쥐고 있으니 학습도구가 아니라 장난감으로 생각하는 학생들이 종종 나타납니다. 이때 클래스툴은 위에서 말씀드린 강력한 학습 통제도구들을 활용해 교사에게 수업의 주도권이 있음을 보여줄 수 있습니다. 집중력이 약해 딴짓을 하는 학생들도 자신의 마음대로 할 수 없음을 알고 교사의 말에 집중하게 됩니다. 클래스툴을 활용한다면 에듀테크를 활용하면서도 충분히 통제된 수업을 할 수 있습니다.

03-(3) 과제 제출, 수합 도구, 다했니? 다했어요.

'다했니? 다했어요!' 소개 및 장점

'다했니? 다했어요!(이하 다했니)'는 현직 초등교사가 개발한 프로그램입니다. 바야흐로 대(大)에듀테크 시대를 맞이하고 있지만 정작 교사를 위한 에듀테크는 부족한 것 같다는 생각에서 프로그램을 개발하셨다고 합니다. '다했니'는 그 개발 의도에 맞게 교사가 이용하기에 참 좋은 에듀테크입니다. 과제물의 배포와 수합, 알림장, 체크리스트, 누가기록, 학생리포트, 개인 및 단체보상 등을 손쉽게 할 수 있습니다. 다했니를 사용해보면 교사가 학급에서 하는 행동들이 자연스럽게 디지털화되어 화면으로 옮겨간 느낌이 듭니다. 다했니 페이지를 즐겨찾기(북마크)에 추가해 놓으시면 필요할 때마다 쉽게 다했니에 접속하실 수 있습니다.

▲ 다했니? 로고

화려함을 빼고 딱 필요한 기능만 담다

'다했니'의 장점은 '교육활동과의 접근성'에서 두드러집니다. 학생의 측면에서 '다했어요!' 앱(또는 웹앱)을 이용할 경우 바로 보이는 화면은 교사가 배부한 과제 화면입니다. 학생의 입장에서는 앱을 열자마자 현재 내가 해야할 과제가 무엇인지 한눈에 파악할 수 있습니다. 보여지는 과제는 필요에 따라 숨기거나 삭제할 수도 있습니다. '다했어요!'는 앱스토어와 구글 플레이스토어에서 모두 다운받을 수 있습니다.

▲ 다했어요 학생 화면

▲ 다했어요! 구글 플레이스토어

교사의 입장에서 마주하는 화면도 '교육활동과의 접근성'이 무척 훌륭합니다. 교사의 첫 화면을 보면 교사가 부여한 과제가 바로 나타나며, 각 과제는 과제의 상태에 따라 다른 색으로 구분할 수 있습니다. 특이사항이 없는 경우 노란색으로 표시되며, 제출한 학생이 있어 확인이 필요할 때는 빨간색, 모든 학생들이 제출하여 완료된 과제는 회색으로 표시됩니다. 직관적으로 과제 제출 현황을 파악할 수 있다는 장점이 있습니다.

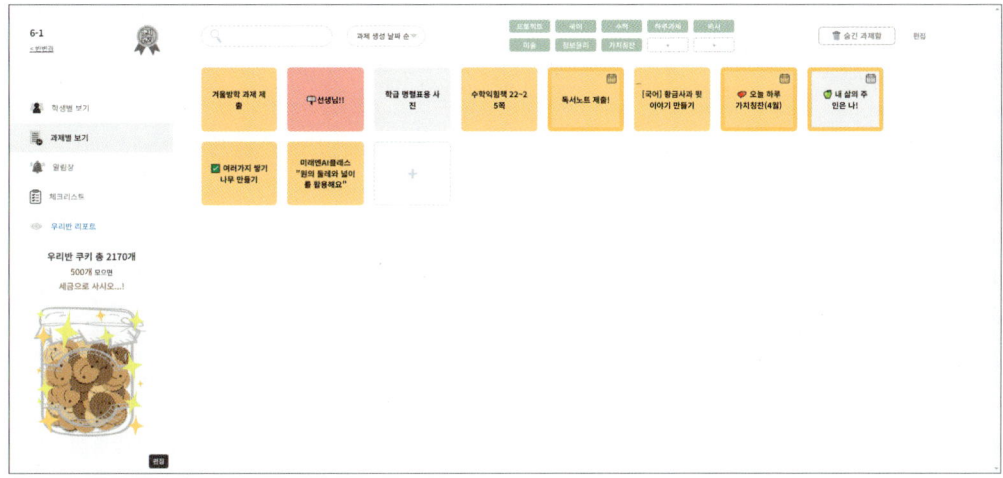

▲ 교사 화면

상담기록과 관찰기록을 적는 디지털 교무수첩

학생의 생활기록부를 작성하기 위해서는 관찰기록이 필수입니다. 교사는 나이스(NEIS)라는 시스템에 학생들을 관찰한 내용을 적어야 합니다. 그러나 보안 등의 여러 문제로 나이스(NEIS)는 접속하기 위한 몇 가지 절차들을 두고 있습니다. 공인인증서, 아이디-비밀번호 입력 등 어려운 절차는 아니지만 머릿속에

떠오른 관찰 및 상담 내용을 바로 적기에는 다소 불편한 것이 사실입니다. 그러나 다했니를 활용하면 몇 번의 클릭으로 관찰 및 상담 내용을 적을 수 있는 페이지로 이동할 수 있습니다. 이후 기록하고 싶은 학생을 선택하여 내용을 입력하면 됩니다.

▲ [우리반 리포트 화면]. 학생의 관찰기록을 추가할 수 있다.

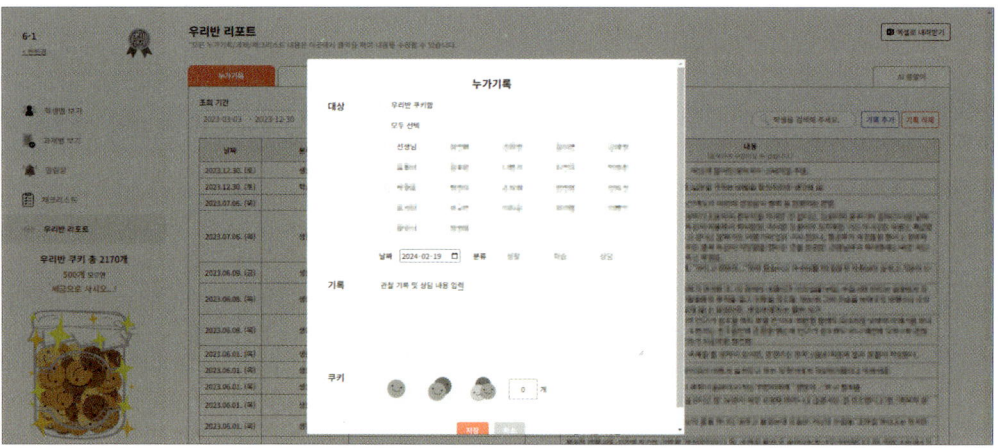

▲ 우리반 리포트

AI를 활용한 업무 지원

그리고 다했니에는 생성형AI가 적용된 기능이 있습니다. [우리반 리포트]의 우측 상단에 보면 [AI쫑알이]가 있습니다. [AI쫑알이]는 교사가 입력한 피드백을 바탕으로 생기부에 들어갈 내용들을 생성합니다. 교사가 직접 남긴 학생에 대한 기록을 바탕으로 생성하기 때문에 생성된 글도 굉장히 구체적이고 유용합니다. 학생의 생기부를 작성할 때 [AI쫑알이]를 활용하면 빈 상태에서부터 작성하는 것보다 훨씬 수월하게 작업하실 수 있습니다.

▲ 우리반 리포트의 생성형AI AI쫑알이

03-(4)

활동 결과물 공유의 장, 패들렛, 띵커벨 보드

패들렛과 띵커벨 보드는 디지털 게시판 형태의 에듀테크입니다. 학생들이 함께 하나의 게시판에 동시에 접속하여 함께 콘텐츠를 만들고 공유할 수 있습니다. 텍스트, 이미지, 문서, 음악 등의 형태로도 게시물을 업로드 할 수 있기 때문에 국어, 수학, 음악, 미술 등의 대다수의 교과에 범용적으로 사용될 수 있습니다. 패들렛과 띵커벨보드는 학생들의 협업을 촉진할 수 있다는 점에서 협동학습과 프로젝트 학습 기반의 다양한 학생 중심 수업을 설계하기 용이합니다. 또는 수업에서 배운 내용을 시각적으로 구조화하여 정리하기에도 좋습니다.

▲ 패들렛 로고

▲ 띵커벨 로고

'패들렛'의 기본 레이아웃 종류

패들렛에서는 6가지의 레이아웃을 제공합니다. 또한 각각의 레이아웃에는 섹션 설정 기능이 있어 게시물들을 유목화하여 표현하는 것이 가능합니다. 모둠별, 주제별, 시기별 등으로 분류할 수 있습니다.

- 담벼락: 차곡차곡 쌓이는 담벼락 벽돌같은 레이아웃
- 스트림: SNS 게시물들 같이 아래로 스크롤하며 게시물을 볼 수 있음
- 그리드: 콘텐츠들이 가지런히 줄지어 배치됨.
- 지도: 지도 위에 표시하며 콘텐츠를 추가할 수 있음.
- 캔버스: 콘텐츠를 자유로운 위치에 마음대로 구성하거나 그룹화하여 연결
- 타임라인: 중앙의 가로선을 따라 내용을 배치함

▲ 담벼락 예시. 디자인 저작도구 '투닝'을 활용하여 표현한 연수자료

▲ 스트림 예시. 애니메이션 저작도구 플리파 클립(Flipa Clip)을 활용한 수업자료. "학교에서 일어나는 안전사고"를 주제로 모둠별로 이어지는 이야기 만들기

▲ 지도 예시. 세계 여러나라 사람들의 생활모습을 조사하기

그리고 패들렛은 앱스토어와 플레이스토어에서 모두 다운받을 수 있습니다. 핸드폰이나 태블릿을 활용해서 앱으로 활용하기에도 편리합니다.

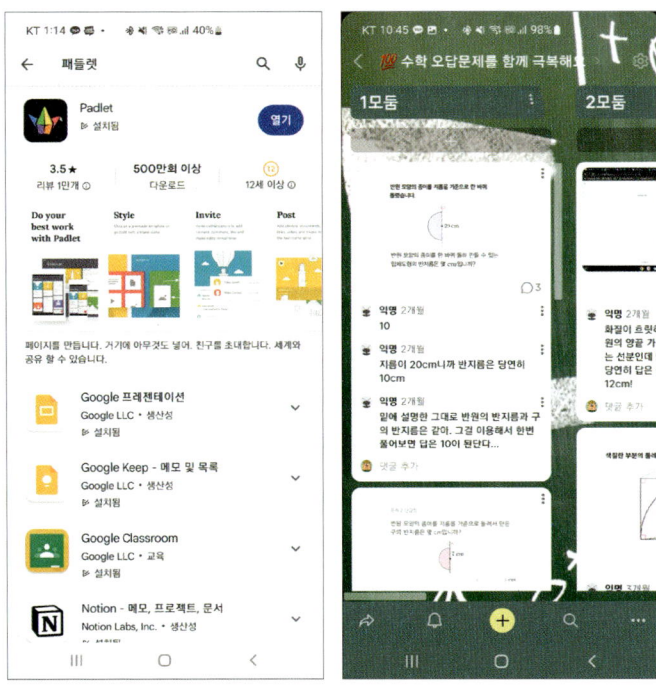

▲ 플레이스토어에서 다운 가능   ▲ 핸드폰 앱으로 보는 패들렛

'띵커벨 보드'의 기본 레이아웃 종류

띵커벨 보드는 '띵커벨'이라는 ㈜아이스크림의 퀴즈·토론·협동 학습이 가능한 플랫폼의 한 기능입니다. 띵커벨 보드의 기본 레이아웃에는 9개가 있습니다. 타일형, 그룹형, 격자형, 출석부형, 스트림, 타임라인, 롤링페이퍼, 만다라트, 헥사곤 입니다. 타일형, 그룹형, 격자형, 타임라인과 같은 기본적인 기능은 패들렛과 유사하지만 [출석부형], [롤링페이퍼], [만다라트], [헥사곤]의 게시 형태가 눈에 띕니다. 아무래도 국내 프로그램이다보니 패들렛 보다 조금 더 우리나라 교육 활동들을 많이 반영한 느낌이 듭니다.

▲ 띵커벨 보드를 이용한 PMI 활동정리 사례

출석부형

출석부형은 번호순으로 학생들별로 하나의 그룹을 만들어줍니다. 이때 그룹이란 모둠을 의미하는 것이 아니고 게시물이 묶이는 그룹을 이야기합니다. 학생별로 자신의 게시공간이 배포된다고 생각해주시면 됩니다. 학생 수 또는 모둠 수에 맞게 그룹 개수를 정하고 배포할 수 있어 무척 편리합니다. 학생의 입장에서도 자신 또는 모둠의 활동 결과물을 어디에 업로드 해야 하는 지 헷갈리지 않고 바로 찾아 올릴 수 있어 편리합니다.

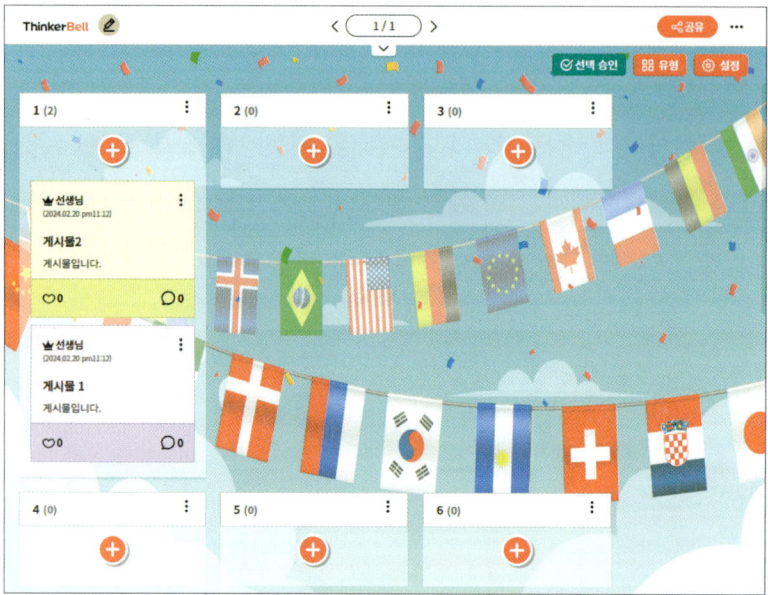
▲ 출석부형으로 만든 보드

▲ '나누려는 마음을 담아 글쓰기' 주제로 작성한 글

> **❝ 색으로 자신의 상태 나타내기**
>
> 색깔을 활용해 자신의 상태를 나타내도록 하면 교사와 학생이 모두 편리합니다. 예를 들어서 찬반 토론 수업을 할 경우에 찬성은 파랑, 반대는 빨강으로 표시하게 한다던지, 글의 초고는 흰색, 1차 수정은 초록색, 완성은 빨간색으로 표시할 수 있습니다. 이렇게 색으로 표현하면 교사의 입장에서는 학생이 어떤 상태인지 바로 알 수 있고 학생들도 친구들의 활동을 참고할 경우에 편리합니다.

롤링페이퍼

롤링페이퍼 형태를 사용하면 [편지], [생일축하], [졸업], [감사], [학교생활], [크리스마스] 등의 테마를 사용할 수 있습니다. 이 중 무료 계정에서 이용할 수 있는 테마는 [편지]와 [생일축하] 테마입니다. 가운데에 이미지를 추가하고 그 주위에 게시글을 업로드 할 수 있습니다. 전입·전출하는 학생이 있다거나 스승의 날에 편지를 쓰는 활동을 진행하셔도 좋습니다.[졸업], [감사], [학교생활], [크리스마스] 테마를 유료 결제 후 이용할 수 있습니다.

▲ 롤링페이퍼 편지 테마

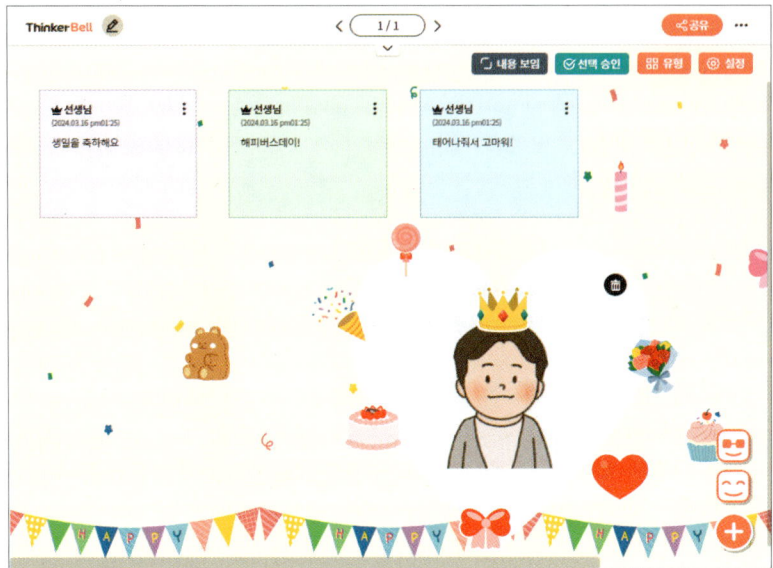

▲ 롤링페이퍼 생일축하 테마

만다라트

 띵커벨 보드에서는 만다라트도 활용이 가능합니다. 만다라트란 사고 기법중에 하나로, 연꽃모양으로 아이디어를 다양하게 발상해 나가는 데에 도움을 줍니다. 하나의 주제에 대한 하위 주제들을 설정하고 아이디어를 확산하는 데에 활용합니다. 만다라트를 활용하면 한 페이지 안에서 내용파악이 가능하기 때문에 완성된 아이디어를 한 눈에 확인할 수 있습니다. 또한 여러 빈칸들을 채우고자하는 욕망을 자극하기 때문에 빠르게 아이디어를 발상해나갈 수 있습니다. 물론 만다라트의 총 81개의 칸을 모두 채우는 것은 학생들에게 다소 버거운 일입니다. 그러므로 학생에게는 모든 빈칸을 채워야한다는 부담을 갖지는 말고 채울 수 있는 만큼 최선을 다해서 쓰면 된다고 안내하면 충분합니다. 띵커벨 보드는 실시간 동시협업이 가능한 만큼, 한 주제에 관해 한 학급, 또는 한 모둠 학생들이 함께 협력하여 아이디어를 채워나가면 보다 수월하게 완성할 수 있습니다.

▲ 롤링페이퍼 만다라트

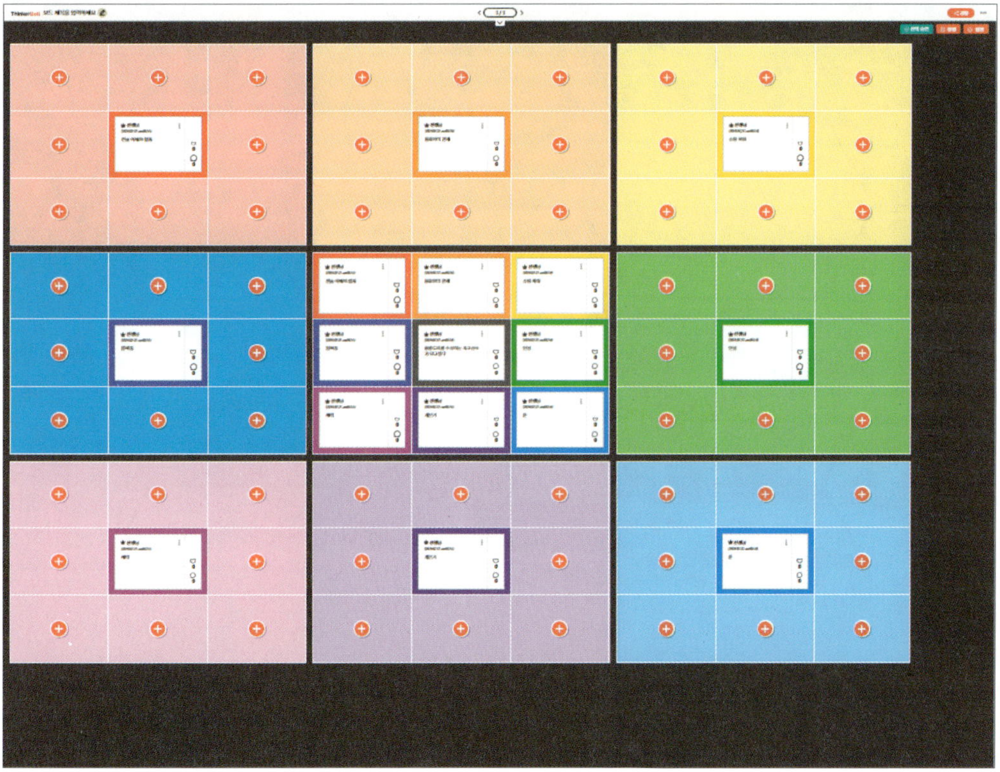

▲ 롤링페이퍼 만다라트

헥사곤

　헥사곤 유형은 벌집 모양의 테마로, 자유롭게 위치를 선택해 작성할 수 있는 만큼 다양하게 활용할 수 있습니다. 만다라트의 방법처럼 중앙에 상위 주제를 설정하고 주변에 하위주제로 확산해나가는 방법으로 활용할 수 있으며, 면이 닿는 부분에 따라서 한 주제에 대해 떠오르는 아이디어들을 자유롭게 이어붙여 나가는 활동을 해볼 수도 있습니다.

▲ 롤링페이퍼 헥사곤 테마

Special Page _ 퍼플(PUPLE) 이용한 에듀테크 학급 화폐활동

학급 경영을 하시며 학급 화폐활동을 시도해보신 선생님들이 많으실 거라고 생각합니다. 학급 화폐활동을 해보면 제일 번거로운 일 중에 하나가 바로, '화폐 관리'입니다. 어린 학생들일수록 구체적인 조작물로 활동하는 것이 좋으니 종이화폐로 많이 시작하시곤 하는데, 종이화폐를 만들게 되면 꾸준히 재발행하며 결국 종이를 낭비하게 되는 문제가 발생합니다. 분실, 도난 등의 문제도 발생하며 일년 내내 따라다니는 학생민원(?)의 소지가 됩니다. 그래서 학급 화폐활동에 활용할 수 있는 에듀테크를 소개해드리고자 합니다. 바로 '퍼플(PUPLE)'입니다.

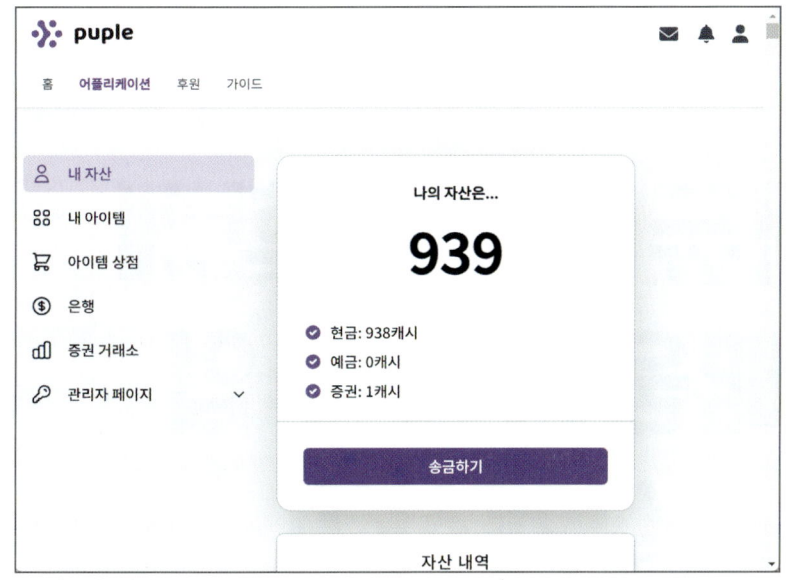

▲ 퍼플 홈 화면

퍼플은 웹 기반 프로그램이라 모든 기기에서 잘 돌아간다는 장점이 있습니다. 학생들은 퍼플을 이용해 물건을 사기도하고 팔기도 하며, 예금, 증권거래 등의 체험을 해볼 수도 있습니다. 좌측 패널 하단의 [관리자 페이지] 기능을 통해 교사는 학생들에게 추가로 화폐를 보내거나 가져올 수도 있고, 일부 관리 기능을 학생들에게 위임할 수도 있습니다.

초등학교 저학년이라면 다소 번거롭더라도 실물로 된 화폐가 학생의 수 개념 및 소비·지출 습관을 잡는 데에 꼭 필요하겠지만 고학년 이상부터는 숫자로 접하더라도 충분히 의미있는 교육활동을 하실 수 있습니다. 퍼플을 통해서도 통해 편리하게 화폐를 발행, 관리하시며 효율적으로 학급 화폐활동을 운영해보시는 것은 어떨까요?

CHAPTER 04

에듀테크와 함께 배움중심 수업 설계하기

'에듀테크를 활용한 수업'이라고 하면 대단히 화려하고 혁신적인 수업을 해야한다고 생각하는 경향이 있습니다. 하지만 그렇지 않습니다. 에듀테크를 활용하던 활용하지 않던 우리의 목표는 학생이 효과적으로 학습목표를 달성하며 역량을 키우는 것입니다. 에듀테크는 배움중심 수업을 실천하기 위한 하나의 도구입니다.

이번 장에서는 배움중심 수업의 철학과 배움중심 수업이 지향하는 가치를 알아보고, 배움중심 철학에 기반해 에듀테크 수업을 설계하는 방법을 함께 알아보겠습니다.

04-(1) 배움중심 수업은 '방법'이 아니라 '철학'

"배움중심 수업은 무엇인가요?"라고 묻는다면 사실 명쾌하게 대답하기 어렵습니다. 왜냐하면 배움중심 수업은 명확한 방법론이 없기 때문입니다. 배움중심 수업은 효과적인 교육을 위한 과학적이고 공학적인 설계를 지향하지 않습니다. 배움중심 수업은 '방법'이 아니라 '철학'이기 때문입니다. 배움중심 수업의 철학을 갖고, 학습 환경을 고려하여 학생들의 배움이 일어날 수 있도록 하는 수업이면 배움중심 수업입니다. 배움중심 수업에 대한 개념은 다음과 같이 정리할 수 있습니다.

> 배움중심수업이란 일정한 모델이나 형식적인 틀을 가진 것이 아니라, 학습자 개개인의 차이를 존중하고 개별화된 배움의 기회가 보장되어 학습자 스스로 활동하고 협력하여 배움이 일어나는 수업을 의미한다. 하지만 인간의 본성에 근거한 배움의 모습이 서로 다르듯, 배움중심수업도 다양한 배움의 모습에 다라, 학습자와 교사 개인마다 다양하게 정의될 수 있다. [6]

배움중심 수업은 수업을 설계하는 교사에 따라 서로 다르게 운영될 수 있습니다. 열 명의 교사가 있다면 열 개의 배움중심 수업이 있는 것이지요. 그러나 열 개의 배움중심 수업은 서로 다를지언정 같은 가치를 중심으로 두고 운영됩니다. 배움중심 수업을 움직이는 핵심 원칙에 대해서 알아보겠습니다.

---

[6] 네이버 블로그 Educus 교육을 생각하는 사람들

04-(2)
배움중심 수업이 지향하는 가치

❶ 학습자 중심 _ 가르침에서 배움으로

학교 교육은 변화하고 있습니다. 이제는 교사의 지식 전달에서 학생의 자발적인 학습으로 초점이 이동합니다. 학습자 중심의 수업을 통해 학생들은 스스로 학습의 가치를 이해하고, 교사는 학습자에게 의미있는 배움이 일어날 수 있도록 각자의 능력에 맞는 활동을 할 수 있는 기회를 제공할 수 있는 수업을 설계해야 합니다.

❷ 흥미 _ 흥미로서의 학습

배움중심 수업에서는 외부로부터 주어지는 흥미가 아니라 학생들이 자발적인 흥미를 강조합니다. "배우고 싶다"라는 마음이 들 수 있도록 학생의 경험과 연결지으며 흥미를 자극할 수 있도록 합니다.

❸ 사고 _ 문제 해결을 위한 반성적 사고

삶 속에서 일어나는 구체적인 문제를 해결하는 과정에서 이루어지는 반성적 사고의 수단적인 요소로 지식이 활용될 수 있도록 해야합니다. 지식의 역할은 문제상황이 가져온 갈등을 해소할 수 있도록 돕는 것입니다.

❹ 협력_교사와 학생, 학생과 학생간의 상호작용

비고츠키의 '근접발달영역'은 한 개인이 혼자 해결할 수는 없지만 다른 사람의 도움을 받아 해결할 수 있는 과제의 범위를 말합니다. 다시 말해 '타인의 도움 없이 문제를 해결할 수 있는 현재 발달단계와 성인의 안내나 보다 우수한 동료와의 협동을 통해 문제를 해결할 수 있는 잠재적 발달단계 사이의 거리'인 것입니다. 교사와 학습자 그리고 학습자와 학습자 사이에 활발한 상호작용이 일어날 수 있는 수업 설계 역시 중요합니다.

❺ 통합 _ 지식과 실천, 앎과 삶, 과정과 결과, 이론과 실제, 사고와 행동 등

학생들은 학교에서 배우는 내용과 과정이 살아가는 삶 그 자체이거나 자기 삶과 연결되어 삶을 살아가는 데 필요함을 느낄 때 훨씬 능동적으로 수업 활동에 참여하게 됩니다. 지식과 실천이 유의미하게 연결되어야 하고 과정과 결과가 통합적으로 운영되는 것이 중요합니다.

❻ 성장_ 전인적 성장

듀이는 성장을 '경험(배움) 과정을 통해서 경험(배움) 주체에게 발생하는 모종의 변화(양적, 질적인 변화)라고 말합니다. 단순한 인지적, 기능적 성장 뿐만 아니라 몸과 마음이 고루 발달하여 건강하고 바른 인격을 갖춘 사람이 되어야 합니다.

이제 이 가치들을 실천하는 방향으로 한 수업을 설계해보고자 합니다. 성취기준을 확인하는 것에서부터 평가까지의 과정을 자세히 살펴보겠습니다. 이 과정에서 어느 시점에 어떤 에듀테크를 활용하면 효과적일지도 함께 알아보겠습니다.

▲ 배움중심 수업이 지향하는 가치

❝ '배움중심 수업'이라는 주제만으로도 두꺼운 책이 몇 권 나올 수 있습니다. 이 책에서는 배움중심 수업의 이론적인 부분들을 자세하게 다루기 보다는 배움중심 수업의 목적과 가치를 환기하는 정도로 안내하고자 합니다.

04-(3) 배움중심 수업을 위한 에듀테크 활용계획 세우기

성취기준 분석하기

교재에서는 초등학교 6학년 2학기 수학 6단원 '원의 넓이'를 예시로 함께 알아보겠습니다. 단원의 성취기준을 확인하는 방법은 여러 가지입니다. 지도서, 국가교육과정정보센터(NCIC), KCIE 평가지원포털 등의 방법이 있습니다. 본인이 편한 방법으로 지도할 단원의 성취기준을 찾습니다. '원의 넓이' 단원의 성취기준은 다음과 같습니다.

[6수03-08] 원주와 원의 넓이를 구하는 방법을 이해하고, 이를 구할 수 있다.

성취기준 분석을 통해 학생들이 알아야 할 것(지식), 할 수 있어야 하는 것(기능) 그리고 지녀야할 태도(가치·태도)를 알 수 있습니다. 한편, 수학 교과의 경우 가치·태도가 드러나지 않는 성취기준이 꽤 있습니다. 이러한 경우 수학적 의사소통 역량 등 교육과정 문서에서 지향하는 내용을 녹여 진행할 수 있습니다. 위 성취기준에서 찾을 수 있는 지식과 기능은 다음과 같습니다.

- 알아야 할 것(지식): 원주를 구하는 방법, 원의 넓이를 구하는 방법
- 할 수 있어야 하는 것(기능): 원주 구하기, 원의 넓이 구하기

배움중심 수업의 원리 적용하기

성취기준이 요구하는 바는 명료합니다. 학생들은 원주와 원의 넓이를 구하는 방법을 알아야 할 것이고, 그 후 원주와 원의 넓이를 구할 수 있어야 합니다. 하지만 배움중심 수업을 실천하고자 한다면 조금 더 고민해보아야 합니다. 배움중심 수업의 가치와 원리를 생각하며 지식과 기능 그리고 가치·태도를 어떻게 학습하도록 할지 생각하는 시간이 필요합니다.

- '학생들이 원주와 원의 넓이를 구하는 데에 흥미를 갖게 하려면 어떻게 해야할까?' – **흥미**
- '친구들을 배려하는 수학적 의사소통 상황을 만들 순 없을까?' – **성장, 협력**
- '원주와 원의 넓이를 구하는 방법이 학생들의 삶에 도움이 되는 때는 언제일까?' – **사고, 통합**
- '학생들이 배우는 과정에서 일상의 요소를 활용할 순 없을까? – **통합, 흥미**
- '수학을 어려워하는 학생들도 함께 참여하면서 친구들로부터 배울 수 있는 활동을 어떻게 구성할 수 있을까?' – **협력**
- '배운 내용을 활용해 자신의 개성이 드러나는 결과물을 만들 순 없을까?' – **흥미**

이 단계에서 구체적인 활동까지 떠올릴 필요는 없습니다. 배움중심 수업을 위한 단원의 중심 뼈대를 잡는 과정입니다. 교사가 하나하나 빠짐없이 촘촘하게 계획하는 것은 '배움'이 아니라 도리어 '가르침'에 집중하는 수업이 될 수 있습니다. 이 단계에서는 핵심적으로 활용할 어느 정도의 아이디어를 얻는 것으로 충분합니다.

- '학생들이 원주와 원의 넓이를 구하는 데에 흥미를 갖게 하려면 어떻게 해야할까?' – **흥미**
   → 교실에서 볼 수 있는 것들을 활용한 재미있는 질문을 해보자
- '친구들을 배려하는 수학적 의사소통 상황을 만들 순 없을까?' – **성장, 협력**
   → 모둠활동을 추가하자
- '원주와 원의 넓이를 구하는 방법이 학생들의 삶에 도움이 되는 때는 언제일까?' – **사고, 통합**
   → 일상에서 원의 넓이를 알면 도움이 되는 상황을 찾아보자
- '학생들이 배우는 과정에서 일상의 요소를 활용할 순 없을까?' – **통합, 흥미**
   → 학생들이 자주 마주하는 대상을 제재로 활용하자

- '수학을 어려워하는 학생들도 함께 참여하면서 친구들로부터 배울 수 있는 활동을 어떻게 구성할 수 있을까?' – **협력**
  → 배우는 과정을 공유하자. 소통하며 배우고, 어깨너머로 배울 수 있게 하자
- '배운 내용을 활용해 자신의 개성이 드러나는 결과물을 만들 순 없을까?' – **흥미**
  → 자율성이 있는 과제를 부여하자

단원 흐름 구성하기

단원의 내용은 크게 3개의 단계로 할 수 있습니다. 교과서 한 단원은 10개 내외의 차시로 구성되곤 하지만 10개의 차시가 10개 정도의 단계를 의미하는 것은 아닙니다. 보통 세 개 정도의 구성으로 파악할 수 있습니다. 1단계는 학생들이 원리와 내용을 알아가는 '탐구'단계, 2단계는 1단계에서 학습한 원리와 내용을 바탕으로 적용하고 확인하는 '실행' 단계, 3단계는 실생활로 배움의 영역을 확장하거나 개념을 응용하는 '확산' 단계로 구성합니다.

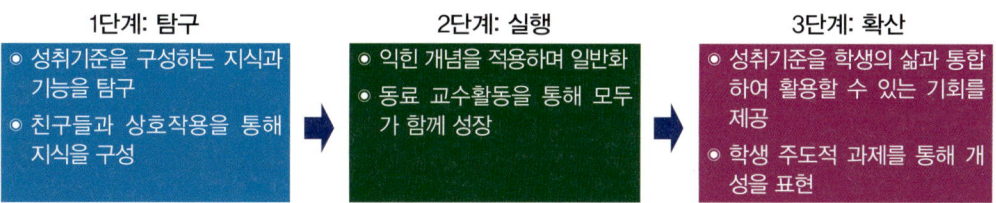

▲ 배움중심 수업 3단계 단원 흐름 구성

위 단계에 따라 '원의 넓이'단원을 3단계로 구성하며 각 단계의 목적을 달성하기 위한 중심 활동들을 설계합니다. 중심활동들은 각 단계의 목표를 학생이 달성했는지 확인할 수 있는 형성평가의 역할을 합니다.

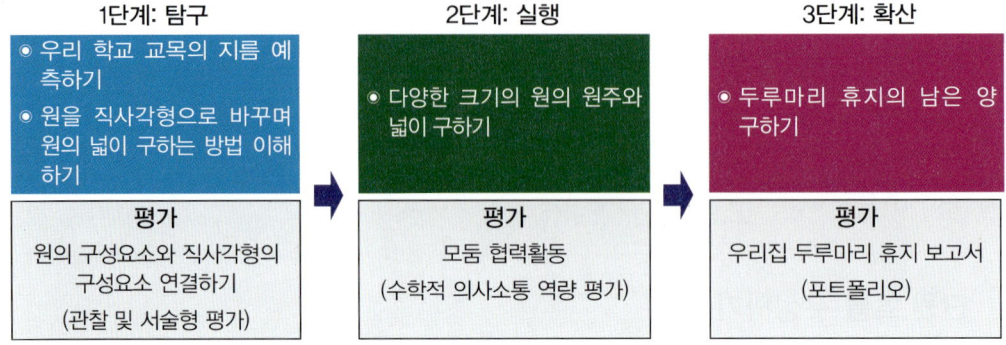
▲ 원의 넓이로 만든 3단계 단원 흐름 구성

에듀테크를 활용한 평가 및 피드백

특히 '원의 넓이' 단원은 형성평가를 통해 학생들의 배움을 확인하는 것이 필요합니다. 단원의 앞차시에서 나오는 원의 구성요소, 원주율에 대한 개념 등을 충분히 이해하지 못하면 다음으로 이어지는 원의 넓이를 구하는 방법을 잘 배우지 못하기 때문입니다.

수업시간에 이해하며 배운 개념을 반복 학습을 통해 익힐 수 있도록 '클래스팅AI'를 활용했습니다. 클래스팅AI를 통해 학생들이 차시별로 배운 내용을 복습할 수 있도록 지도하였습니다. 제가 좋아하는 클래스팅AI의 특징은 5~6문제를 다 맞추었다고 '훌륭'이라는 점수를 주지 않는다는 점입니다.

- 연속으로 몇 번의 정답이 나타났는가?
- 해결한 총 문제의 수는 몇 문제인가?

를 기준으로 평가하기 때문에 연산과정이 몸에 익을 때까지 충분히 학습할 수 있습니다. 차시별 수업 후 학생들에게 해결해야 할 숙제로 클래스팅AI를 주며 '훌륭'으로 만들어오도록 하였습니다.

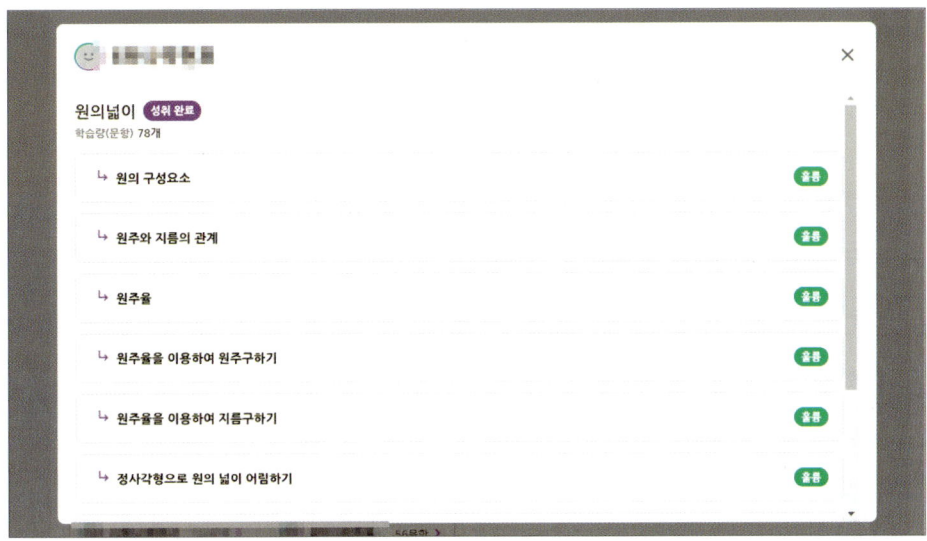

▲ 학습 대시보드를 통해 보는 학생의 차시별 성취도

학급에서는 늘 수준차가 있기 때문에 일찍 학습목표를 달성한 학생이 있는가 하면, 시간이 좀 더 필요한 학생이 있습니다. 클래스팅AI의 풀이 결과와 수업시간 중 관찰한 내용을 고려하여 적절한 피드백 계획을 수립합니다.

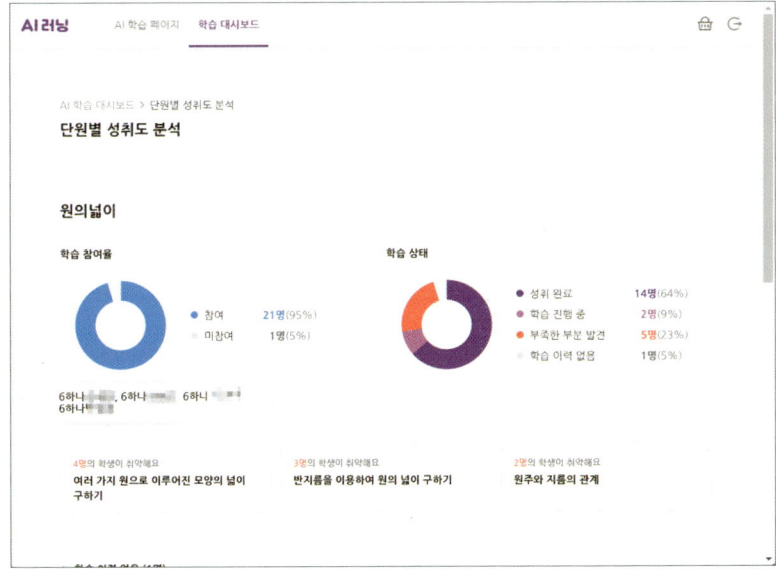

▲ 학급의 단원 성취도를 한눈에 파악 가능함. 학생들이 어떤 차시를 어려워하는지 알 수 있음

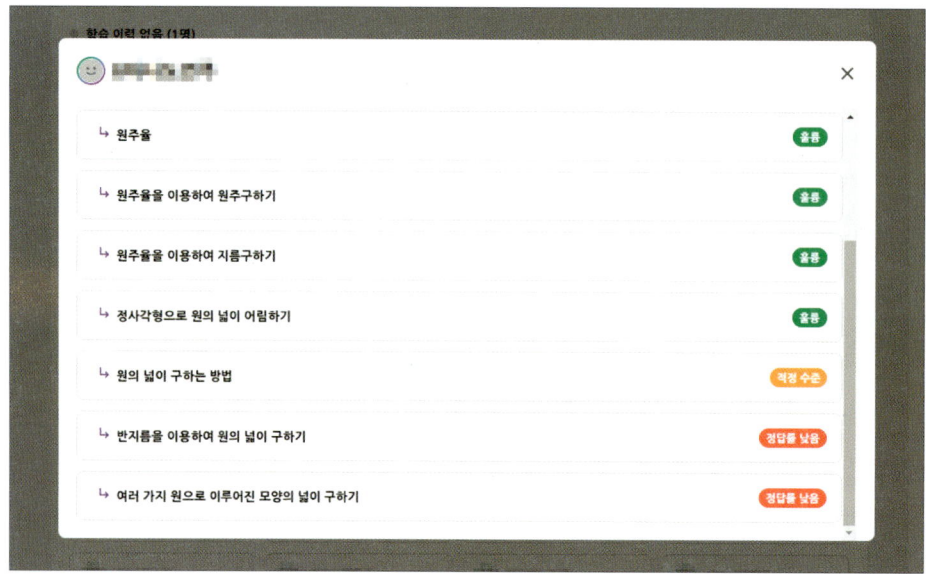
▲ 어떤 차시를 어려워하는지 확인할 수 있음

　문제와 함께 동영상 강의를 제공하는 플랫폼들이 많이 있습니다. 클래스팅AI 역시 개념학습을 위한 동영상 강의를 제공합니다. 하지만 배움이 느린 학생들은 동영상 강의를 시청하는 숙제 역시 부담스럽게 느끼기도 합니다. 그래서 보통 점심시간, 쉬는 시간, 방과후 시간을 통해 몇 학생들을 돌아가며 추가적으로 지도하곤 합니다.

에듀테크로 수업 덧칠하기

　학생들은 일방적으로 듣고있는 수업보다는 자신의 의지를 반영하여 주체적으로 수업에 참여하는 수업에 더욱 몰입하고 흥미를 느낍니다. 학생이 에듀테크를 통해 배우는 과정에서 학습 콘텐츠와 상호작용 할 수 있다면 더욱 효과적으로 배움을 촉진할 수있습니다.

- 1단계 탐구

　본 단원의 탐구 단계에서는 원주와 원의 넓이를 구하는 것에 대한 지식과 기능을 학습합니다. 이때 스마트기기를 활용해서 수학적인 개념을 시각화 하여 보여주거나 직접 조작하면서 상호작용 할 수 있는 콘텐츠를 활용하면 효과적입니다.

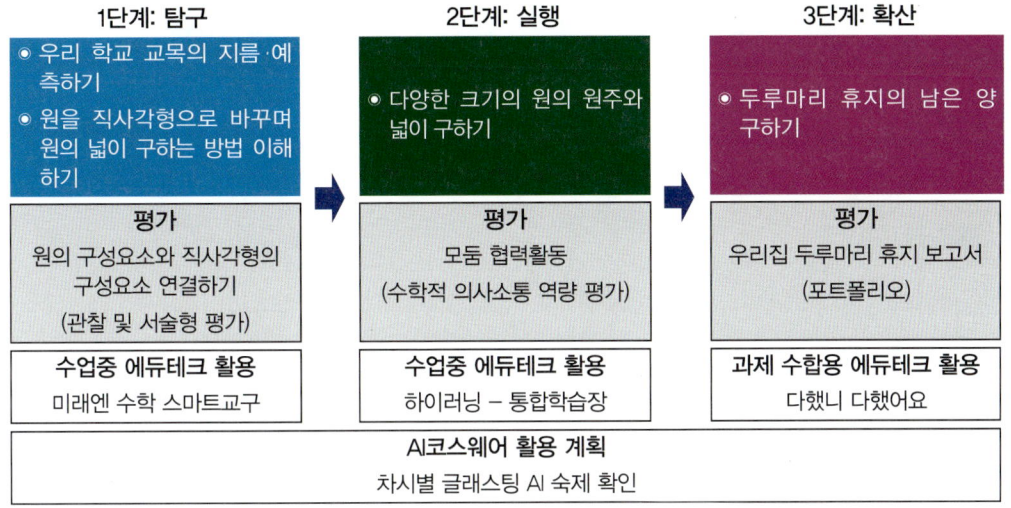

▲ 에듀테크를 활용한 단원 흐름도

추천하는 에듀테크는 '미래엔 수학 스마트교구'와 'AlgeoMath(알지오매쓰)'입니다. 미래엔 수학 스마트 교구는 영역별로 학생들이 직접 조작하며 학습할 수 있는 체험 콘텐츠를 제공합니다. 학생들이 특정 부위를 클릭하거나, 가위를 드래그하여 점선에 갖다 대는 활동을 하며 개념을 자신의 속도에 맞게 학습할 수 있습니다. 알지오 매스에 관한 소개는 2장과 3장 사이의 간지에 해두었으니 참고 바랍니다.

본 단원에서는 1단계에서 미래엔 수학 스마트교구를 활용하며 등적변형시 원의 구성요소의 위치가 어떻게 변화하는지를 직관적으로 볼 수 있도록 했습니다. 학생들은 '개념학습'을 통해 등적변형을 관찰하며 학습하고 연습문제를 풀며 이해한 내용을 확인합니다. 각자의 태블릿으로 미래엔 수학 스마트교구에 접속하였기 때문에 자신의 속도에 맞추어 개념을 이해하고 문제를 풀 수 있었습니다.

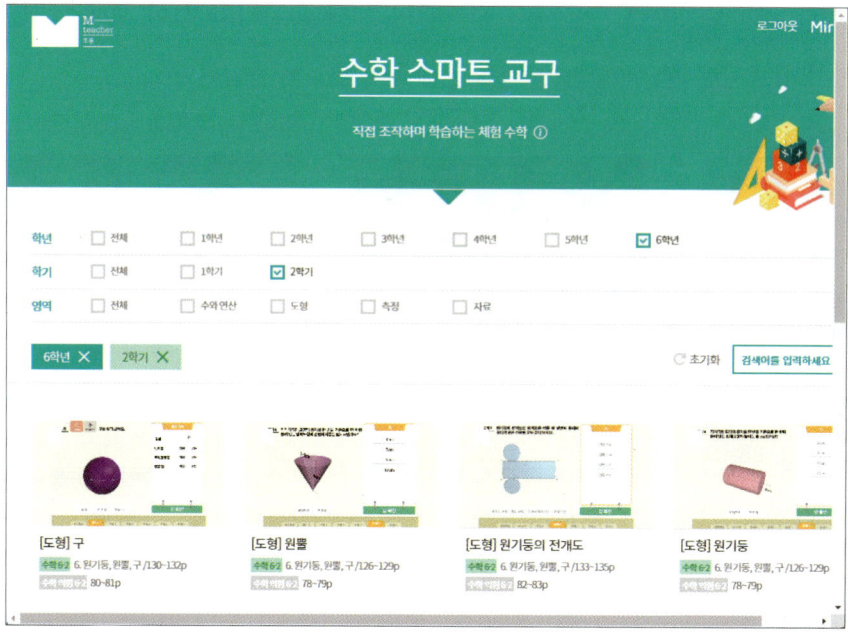

▲ 미래엔 수학 스마트 교구

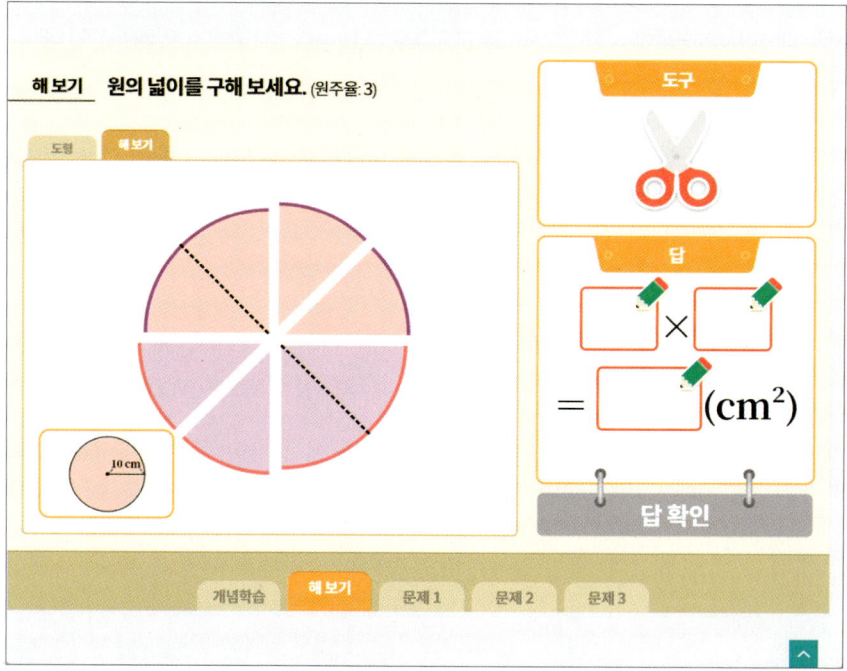

▲ 미래엔 수학 스마트교구 콘텐츠 활용장면

> 미래엔 수학 스마트교구 링크:
> https://ele.m-teacher.co.kr/ExtraBlended/ExtraBlendedList.mrn?extraCategoryCd=MT
> 미래엔 수학 스마트 교구는 엠티처 로그인이 필요한 서비스입니다. 엠티처에서 교과별 자료, '미래엔AI클래스' 등 수업을 돕는 다양한 자료를 찾을 수 있습니다.

• **2단계 실행**

이 단계에서는 학습한 성취기준의 요소들을 다양한 경우에 적용하며 지식과 기능을 확인합니다. 학생들은 학습 능력에 개인차가 있기 때문에 개인 과제를 통해 학습하면 아직 준비가 되지 않은 학생은 함께 나아가기 어려울 수 있습니다.

그래서 모둠활동을 통해 지도하면 효과적입니다. 이 때의 모둠활동에서는 학생들이 서로의 풀이과정을 시작부터 끝까지 함께 공유할 수 있어야 합니다. '어디서부터 시작해야하지?'하며 고민하는 학생들에게는 잘 하는 친구들이 처음 펜을 대는 순간을 관찰하는 것이 큰 도움이 됩니다.

함께 문제와 풀이과정을 공유하고 싶을 때에 사용하기 좋은 프로그램은 '하이러닝'입니다. 하이러닝은 경기도교육청이 만든 AI기반 학습 플랫폼입니다. 하이러닝은 '통합학습창' 기능을 통해 하나의 보드에 동시 접속하며 같은 콘텐츠를 공유할 수 있으며 모둠을 구성하고 같은 콘텐츠를 배부할 수도 있습니다.

다양한 원의 넓이를 구하는 활동을 할 때에 하이러닝과 같은 유형의 에듀테크을 통해 풀이과정을 함께 실시간으로 공유하면 여러 장점이 있습니다. 우선, 다른 친구들이 문제를 해결해나가는 모습을 보며 조금씩 이해가 되기 시작하고 '나도 한번 해볼까?' 하는 마음에 조금씩 시도하게 됩니다. 또한 옆에 있거나 멀리있는 친구의 풀이과정을 소위 '훔쳐보는' 것이 아니라 한 화면 안에서 '대놓고' 볼 수 있기 때문에 몸을 들어 곁눈질 할 필요도 없습니다. 마지막으로 잘하는 학생들도 가르치면서 배울 수 있습니다. 가르침은 가장 효과적으로 배우는 방법 중 하나입니다. '모든 모둠원이 풀이과정을 설명할 수 있는 상태'를 모둠활동의 목표로 삼으면 잘하는 학생도 가르치는 과정에서 성장하는 기회를 가질 수 있습니다.

▲ 하이러닝 홈페이지

▲ 경기도교육청 유투브 '하이러닝이란?' 화면 캡처

하이러닝의 또 하나의 장점 중 하나는 PDF를 책자형 교재처럼 사용할 수 있다는 점입니다. 2단계를 마무리하는 과정에서 수학 익힘책의 문제들을 PDF교재로 재구성하여 모둠별로 풀 수 있도록 제시하기도 하였습니다. '모둠의 모든 학생들이 풀이 방법을 이해할 경우 다음으로 넘어갈 것'이라는 조건을 주자 모둠별로 각자의 속도에 맞게 학습하는 모습을 볼 수 있었습니다. 아래의 그림은 '수학익힘책 원의 넓이 PDF'라는 7 페이지 교재를 학습하는 모습입니다.

▲ 하이러닝 모둠학습 장면

▲ 하이러닝으로 배우는 학생들

🔖 하이러닝 수업사례

경기도교육청은 하이러닝이 널리 확산될 수 있도록 좋은 수업사례를 열심히 개발하고 공유하고 있습니다. 해당 노력의 일환으로 2024년 9월에 경기도교육청 홈페이지의 [통합자료실] – [과별자료실]에 업로드 된 '하이러닝, 수업의 패러다임을 바꾸다(하이러닝 이해자료집)'을 소개합니다. 하이러닝의 운영 철학과 효과적인 활용방법들을 만나보실 수 있습니다.

https://www.goe.go.kr/home/bbs/bbsDetail.do?menuId=100000000000258&bbsMasterId=BBSMSTR_000000000126&menuInit=13,1,1,0,0&bbsId=1049588 "

🔖 실시간 동시협업 추천도구

꼭 하이러닝을 이용하지 않더라도 캔바(Canva), 피그잼(Figjam) 등의 화이트보드형 디자인 저작도구들로도 충분히 실시간으로 문제해결 과정을 공유할 수 있습니다.

▲ 캔바 로고

▲ 피그잼 로고

- **3단계 확산**

확산 단계는 배우고 익힌 내용을 삶으로 확장하는 통합적인 이해를 목표로하는 단계입니다. 배움이 일어나는 매력적인 과제를 위해선 자신의 개성을 표현할 수 있는 창의적인 과제(자신만의 책 만들기, 미래도시 디자인하기 등), 협업 과제(소통능력과 팀워크 향상), 실생활과 통합된 과제(용돈 관리하는 방법, 일상에서 실천하는 환경보보 등), 포트폴리오(경험을 정리하고 학습 성과 시각화), 토론과제(경청하는 습관 세우기, 논리적 사고력 향상) 등을 준비합니다.

이번 단원에서는 화장실에 늘 볼 수 있는 두루마리 휴지를 활용해 과제를 만들었습니다. 제목은, '두루마리 휴지, 얼마나 남았을 때 새 휴지를 준비하면 안전할까?'입니다. 과제의 내용은 다음과 같습니다.

〈 두루마리 휴지, 얼마나 남았을 때 새 휴지를 준비하면 안전할까? 〉

가정의 화장실에 늘 걸려있는 두루마리 휴지. 혹시 충분히 볼일을 볼 만큼 남은 줄 알았는데 막상 사용해보니 부족했던 경험이 있나요? 무척 난감하고 괴로웠을 것 같습니다.

이번 과제에서는 휴지의 지름을 바탕으로 휴지의 양이 얼마나 남았는지를 알아보는 활동을 통해서 언제 새휴지를 준비하면 좋을지 알아보도록 하겠습니다.

프로젝트 활동지

	현재 사용중인 휴지	휴지심을 포함한 지름은?
휴지심의 지름은		
휴지의 지름에서 휴지심의 반지름을 뺀 길이는?		
현재 남은 휴지의 지름을 비율로 나타내어 보세요		
현재 남은 휴지의 지름을 비율로 나타내어 보세요		
대변을 세 번 보고 휴지를 사용한 후의 지름(휴지심 포함)의 길이는?		
휴지심이 비어보이는 쪽에서 휴지를 바라보고 휴지의 넓이를 구해보세요		

조사 후 생각해보기

1. 두루마리 휴지 지름과 넓이의 관계를 구해보세요
2. 휴지가 얼만큼 남았을 때 새휴지를 준비하는 것이 좋을까요? 비율로 표현해주세요
3. 왜 그렇게 생각하였나요? 조사해본 경험과 함께 이야기해주세요

과제가 준비되었다면 배부와 수합하는 일이 남았습니다. 과제를 종이로 배부하면 단순 채점 작업처럼 무척 번거로운 일이 됩니다. 이럴 때 과제의 배부와 수합을 돕는 에듀테크를 활용하면 좋습니다. 편하게 과제를 배부하고 수합할 수 있고, 피드백이 수월한 에듀테크라면 모두 괜찮습니다. 저는 '다했니 다했어요'를 이용해 과제를 배부, 수합 하였습니다.

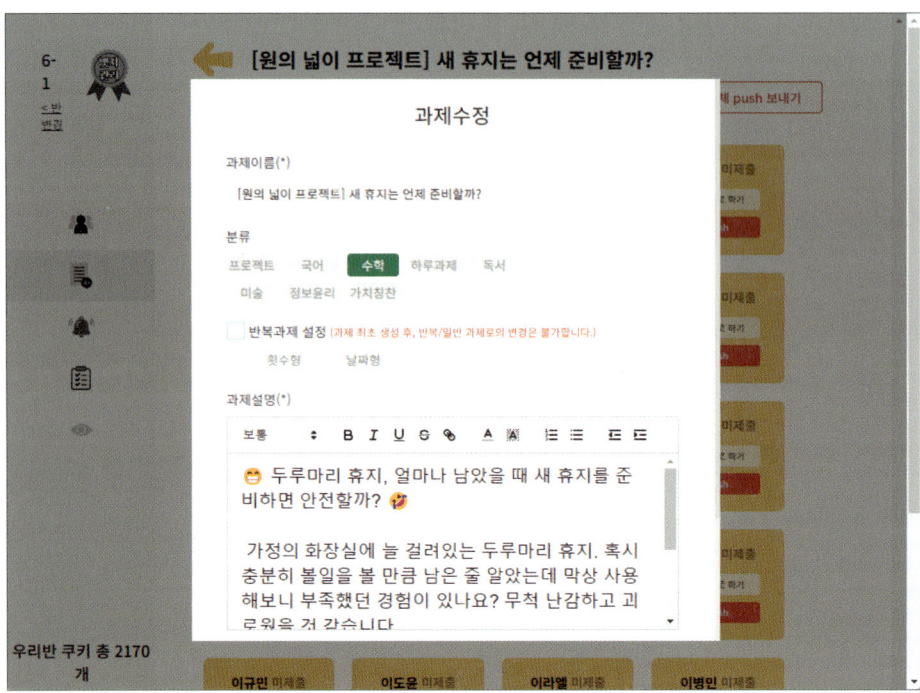

▲ 다했니 다했어요를 활용해 학생들에게 과제를 배부하는 장면

❝ 웬만한 에듀테크에는 모두 있는 과제 배부 수합 기능

학급에서 사용하시는 구글 클래스룸, 마이크로소프트 팀즈, e-학습터, 클래스팅 등의 대부분의 LMS에는 과제를 배부하고 수합하는 기능이 있습니다. 에듀테크를 활용한 과제 배부 및 수합으로 시간을 효율적으로 활용하시길 바랍니다

04-(4)
Hop, Step, Jump! 3계단 배움중심 수업 구성하기

앞서 말씀드린 것처럼, 배움중심 수업에는 정해진 방법론이 없습니다. 저 역시 주변 사례를 통해 배우고 학생들을 살펴가며 저만의 배움중심 수업을 만들어가고 있습니다. 저자의 '에듀테크를 활용한 배움중심 수업 루틴' 정도로 봐주시면 감사하겠습니다. 2단계 실행 단계의 블록 수업 지도안입니다.

일 시	2023.11.00. 0교시	학년	6학년	지도교사	유수근
단 원	6. 원의 넓이	차시	7~8/10	교과서 쪽수	-
배움 목표	다양한 크기의 원의 넓이를 구할 수 있다.					
수업 흐름	수업 흐름				비고
	◎ 동기유발 3' - 휴지가 충분할 줄 알았는데 막상 이용하니 부족했던 경험을 이야기해 봅시다. ◎ 학습목표 제시 - 두루마리 휴지의 지름과 넓이를 이용해 남은 휴지의 양을 구할 수 있다. ◎ 남은 휴지의 양은? (Hop, 생각 열기) 15' - 휴지심을 제외한 휴지의 길이가 2분의 1로 줄어들었을 때, 휴지의 양은 얼마나 남은 걸까요? ◎ 다양한 원의 넓이 함께 구하기 (Step, 생각 나누기) 15' - 수학익힘책의 문제를 활용하여 원의 넓이 구하는 방법 연습하기 ◎ 프로젝트 계획 수립 (Jump, 배움 공유하기) 20' | 보기 | | 휴지가 얼만큼 남았을 때 새 두루마리 휴지로 바꾸면 될까요?? | - 휴지의 길이가 4분의 1로 줄어들면 넓이는 얼만큼 줄어들까요? - 적절한 시기를 알기 위해선 무엇을 먼저 알아야 할까요? - 추가로 알아야 할 것들을 정리하며 과제 수행 계획을 세워봅시다 ◎ 추수 프로젝트 설명 7' - 서로의 계획을 공유하여 봅시다.				☞ 크롬북 준비 ☞ 두 개의 두루마리 휴지 그림 제시 ☞ 하이러닝 – 통합학습창(다양한 원의 넓이 구하기)
평가 계획	관찰평가(학생들이 활동한 기록물과 참여태도를 보며 평가)				

Hop 생각 열기

Hop은 우리말로 '깡총깡총 뛰다'라는 뜻입니다. 본격적으로 뛰기 전에 가볍게 몸을 푸는 역할을 맡고 있습니다. "휴지심을 제외한 휴지의 길이가 2분의 1로 줄어들었을 때, 휴지의 양은 얼마나 남은 걸까요?"라는 일상과 통합된 소재를 활용한 질문을 가볍게 던지며 흥미를 유발합니다.

10월 18일 휴지의 지름은 6cm이고, 10월 25일 휴지의 지름은 4cm입니다. 각 휴지의 넓이는 108cm^2, 48cm^{2}입니다(원주율: 3). 하지만 이 넓이는 휴지심의 크기를 포함한 상태입니다. 휴지심을 빼야 정확한 휴지의 넓이를 알 수 있음을 이야기하고 각각의 넓이에서 휴지심이 차지하고 있던 넓이를 빼서 휴지의 넓이를 알아냅니다. 휴지심의 넓이인 12cm^{2}를 빼면, 10월 18일 휴지의 휴지만의 넓이는 96cm^2, 10월 25일 휴지의 휴지만의 넓이는 36cm^{2}입니다.

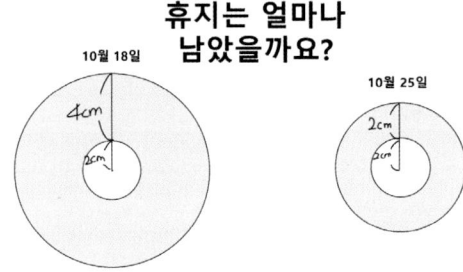

Step 생각 나누기

Step 단계는 Jump 단계로 넘어가기 전 서로의 생각을 구름처럼 모으는 단계입니다. 모둠활동을 시키면 참 다양한 말들이 나옵니다. 문제를 보고 접근하는 방법, 풀이과정을 쓰는 위치, 펜의 색깔 등 필요한 말들과 불필요한 말들이 혼재되어 있습니다.

그러나 자세히 들어보면 불필요한 말일지라도 활동을 더욱 잘 해내고 싶은 마음과 조금이라도 기여하고 싶은 마음에서 나온 경우가 많습니다. 해야할 말만 하는 분위기가 아닌 어떤 말이든 존중받는 자유로운 분위기 속에서 이야기들이 어느 정도 쌓이면 멋진 아이디어를 내기 좋은 조건이 완성됩니다.

결국 누군가가 거짓말처럼 번뜩이는 아이디어를 내고 모둠원들은 박수를 칩니다. 이리저리 부딪히는 과정에서 학생들은 답을 찾으며 올바른 방향으로 조금씩 나아갑니다.

Step 단계에서는 학생들이 서로의 생각과 표현을 즉각적으로 볼 수 있도록 하이러닝의 통합학습창을 이용하였습니다. Hop 단계에서 다룬 유형과 비슷한 유형의 문제지만 조금 더 어려운 문제를 함께 풀 수 있도록 계획하였습니다. 학생들은 Hop 단계에서 익힌 방법을 활용해 풀이 방법을 찾아갑니다. 서로의 생각을 공유하고 이해시키는 과정에서 학생들의 의사소통능력과 배려, 존중하는 마음이 성장합니다.

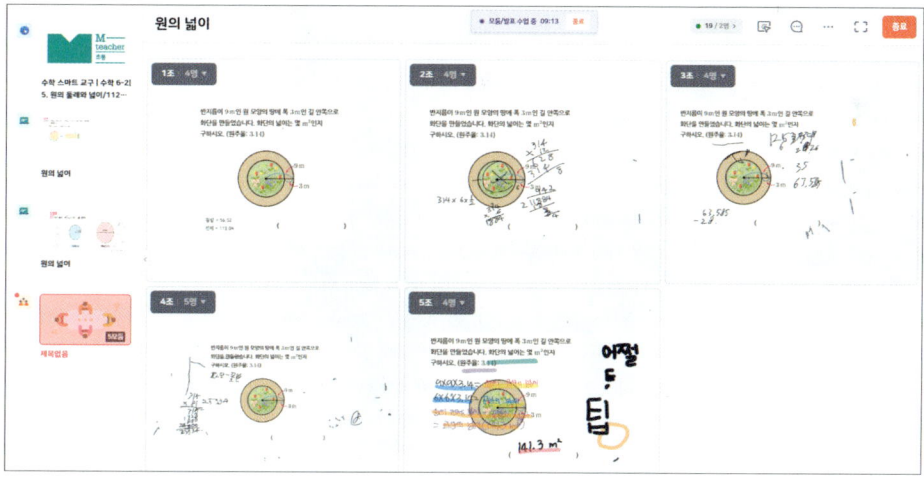

▲ 원의 넓이 함께 구하기

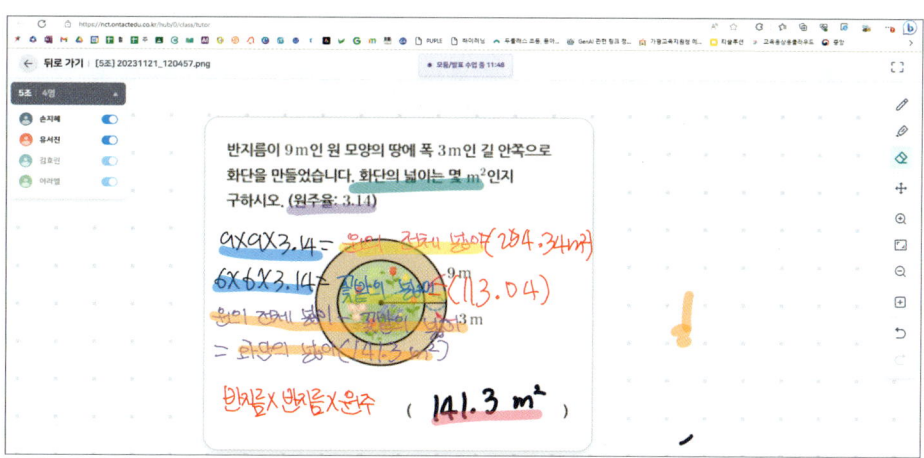

▲ 서로의 생각을 모아 하나로 깔끔하게 정리한 풀이과정. 하이러닝

Jump 배움 공유하기

Jump 과제는 도전하고싶은 마음이 생길만큼 학생의 흥미를 끄는 매력적인 과제여야 합니다. 학생들의 실생활과 연결짓거나 스스로의 개성과 창의성을 드러낼 수 있는 열린 과제를 제시하는 것도 하나의 방법입니다. 물론, 늘 새롭고 매력적인 것을 찾을 필요는 없습니다. 수학 익힘책의 어려운 문제 역시 좋은 Jump 과제가 될 수 있습니다.

▲ 프로젝트를 계획하는 장면

지금까지 에듀테크를 활용한 배움중심수업 설계 과정을 알아보았습니다. 성취기준을 분석하는 것에서 시작하여 단원의 흐름을 정리하고, 단원의 단계별 중심 활동에서 어떤 에듀테크를 활용하여 배움을 촉진할 것인지, 어떻게 평가와 피드백을 효율적으로 할 수 있을지를 알아보는 과정이었습니다. 단원 계획 후 개별 차시에서는 3장, 늘 곁에두고 사용하는 에듀테크를 참고하시면 부담없이 도전하실 수 있습니다. 에듀테크를 활용해 단계별로 매력적인 과제를 제시하는 멋진 배움중심 수업을 실천하실 수 있길 바랍니다.

Special Page _ 성취기준과 평가도구의 보고, KICE 학생평가지원포털

단원을 구상하며 성취기준을 탐색할 때엔 보통 지도서를 많이 찾곤 합니다. 단원의 개관, 성취기준, 평가도구 등 유용한 내용들이 있어 수업을 준비할 때에 유용합니다. 다만, 지도서는 서책형이기 때문에 지도서의 콘텐츠를 새로 받기 어렵습니다.

KICE 학생평가지원포털은 웹사이트이기 때문에 접근성이 좋고, 성취기준을 과목별, 학년별로 몰아볼 수 있으며, 성취기준별로 성취기준 해설도 제공합니다. 또한 성취기준과 함께 사용하기 좋은 평가도구들도 한글(hwp) 파일로 제공하기 때문에 평가 계획을 세우시거나 평가도구를 만드실 때에 좋은 참고가 됩니다.

▲ KICE 학생 평가지원 포털 홈페이지

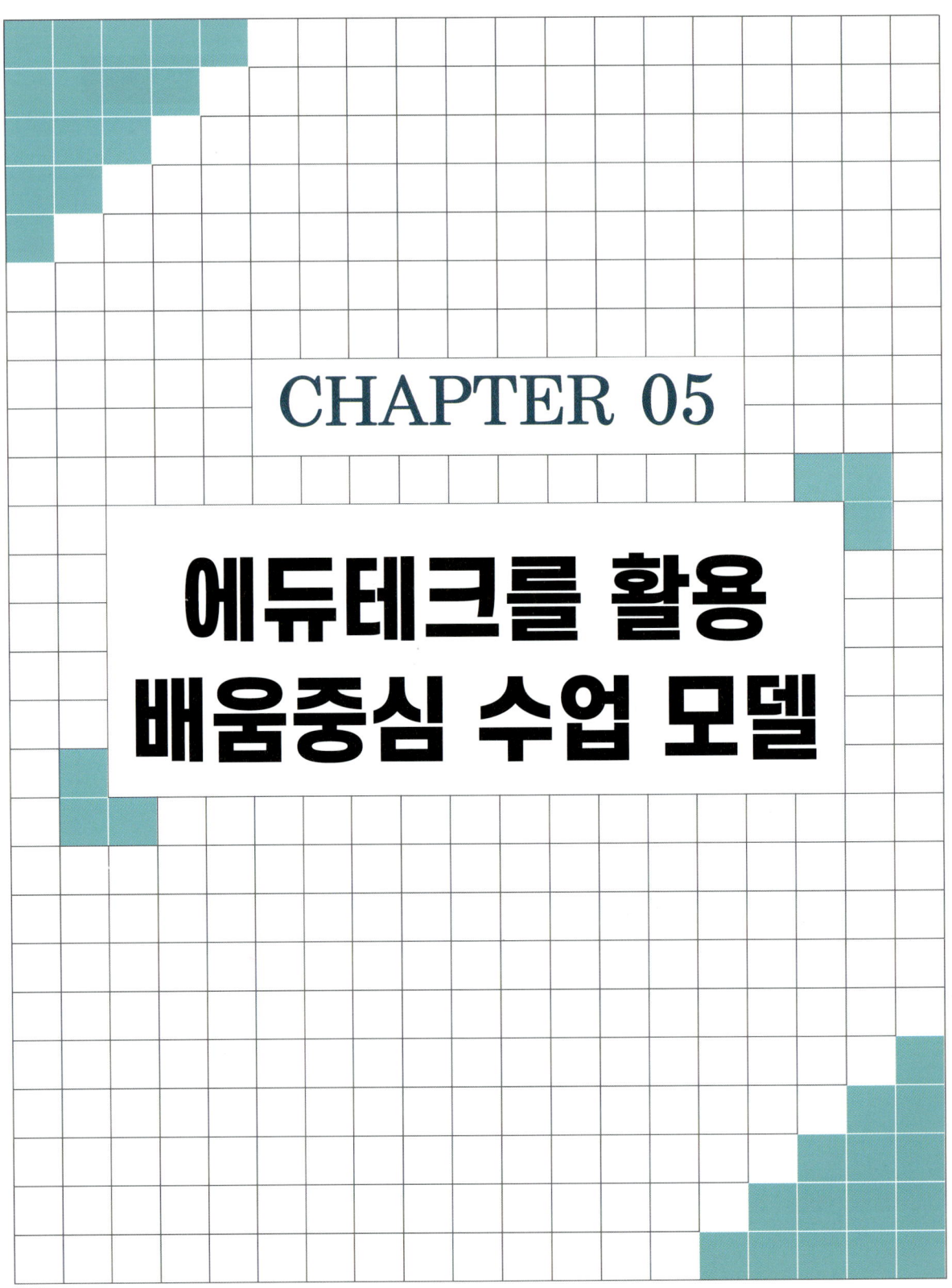

CHAPTER 05

에듀테크를 활용 배움중심 수업 모델

'설명식 수업 모델', '협동학습 모델', '토론학습 모델', '프로젝트 학습 모델', '창의적 문제해결학습 모델'은 학교 현장에서 정말 많이 사용되는 수업 방법입니다. 각 수업 모델들을 운영하는 과정 중에 어떤 부분에서 에듀테크를 활용하면 효과적일지 사례를 소개하고자 합니다.

05-(1)
설명식 수업 모델 × 에듀테크

PPT뿐만 아니라 동영상 편집까지! 만능 디자인 저작도구, 캔바

캔바는 PPT, 카드뉴스, 프로필 사진, 배경화면, 동영상 편집 등 웬만한 모든 디자인 작업을 할 수 있는 만능 에듀테크입니다. 웬만한 작업들이 거의 다 가능하다보니, [개념 학습] - [캔바를 통해 표현]의 루틴은 대부분의 수업에서 적용할 수 있을만큼 범용성이 높습니다.

▲ 캔바 로고

에듀테크 수업을 해보면 늘 느끼지만, 학생들은 태블릿이 눈앞에 있으면 장난을 참 많이 칩니다. 눈 앞에 즐거운 태블릿이 있는데 선생님의 말은 귀에 들어오지 않고 화면만 쳐다보며 조작하는 모습을 볼 수 있습니다. 주의력이 약한 아이들일수록 쉽게 태블릿의 유혹에 넘어갑니다. 그래서 에듀테크를 활용한 수업에서 교사가 설명하고자

하는 바를 집중력있게 전달하지 못하게되는 경우가 있지만, 캔바에서는 [권한 설정] 기능을 통해, 이 부분을 보완할 수 있습니다.

특히, 설명식 수업 모델을 통해 수업을 설계하고자 하신다면 프로그램에서 교사가 학생들을 통제할 수 있는 기능이 있는지 확인하는 것이 중요합니다. 교사가 설명하는 중에 학생들에게 [편집 가능] 권한을 준다면 요소, 텍스트, 그리기 등의 기능을 이용해 자신의 개성(?)을 열심히 뽐내게 됩니다. 하지만 아래 그림의 [보기 가능]으로 권한을 설정하면 학생들은 수정할 수 없고 교사의 안내를 보고 듣는 활동밖에 할 수 없습니다. 정확한 개념을 먼저 안내하고 학생들에게 활동을 지시하고자 할 때 이렇게 캔바의 권한 설정을 활용할 수 있습니다.

▲ 캔바, 구성원의 권한 설정하기

수업 사례

– 관련단원
프로젝트를 통한 재구성.

프로젝트 제목: 공공디자인을 알리는 유투버 되기

– 관련 성취기준
[6미02-05] 다양한 표현 방법의 특징과 과정을 탐색하여 활용할 수 있다.

– 수업 흐름

수업 단계	수업 내용 및 활동	시간
도입	(수업 배경 설정) ⊙ 우리학교를 돌아보며 발견한 문제점을 이야기해 봅시다.	10´
전개	(프레젠테이션) ⊙ 캔바를 통해 동영상을 편집하는 방법을 알아봅시다.	10´
	(안내에 따른 연습) ⊙ 요소 찾기, 컷편집, 자막넣기 익히기	20´
	(독립된 연습) ⊙ 동영상 편집하기	30´
정리	(정리 및 과제 안내) ⊙ 만든 동영상 공유하기 및 과제 배부	10´

본 프로젝트의 이름은 '공공디자인의 가치를 알리는 유투버 되기'입니다. 학생들은 지난 차시들에서 공공디자인의 가치를 학습하고, 공공디자인의 관점에서 학교를 둘러보며 학교의 문제를 탐색하였습니다. 학교를 돌아다니며 직접 영상을 찍고 그 영상을 모아 편집하는 수업을 해보았습니다.

'동영상 편집 배우기'라는 수업 내용의 특성상 교사의 설명과 안내를 주의깊게 듣는 것이 필요했습니다. 이 때 설명식 모델의 흐름에서 학생들이 교사의 말에 집중할 수 있도록, 교사가 설명할 때에는 [보기 기능]으로 권한을 주고, 학생들이 작업할 때에는 [편집 기능]으로 권한을 주어 주의력이 분산되지 않도록 운영하였습니다.

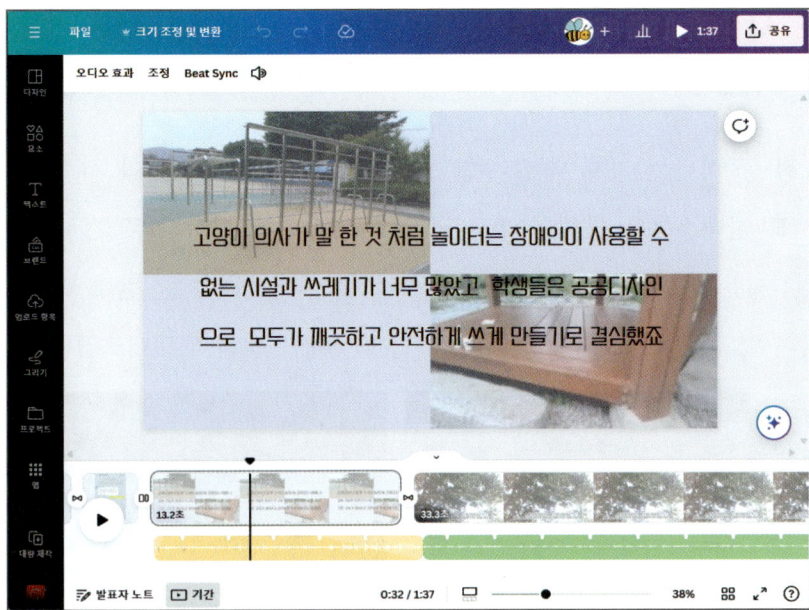

▲ 타임라인에서 동영상에 어떤 요소가 들어가 있는지 확인 가능

▲ 볼륨 조절, 오디오 분할, Best Sync, 오디오 효과 등 동영상을 다채롭게하는 효과들을 추가할 수도 있습니다

> 동영상 편집 역시 다른 교과처럼 학생별로 개인차가 많이 발생하는 부분 중 하나입니다. 느리게 배우는 학생은 반복된 행동을 통해 몸에 익힐 수 있도록 많이 연습해야 합니다. 수업 중 교실을 돌며 배움이 느린 학생을 도와주는 것이 좋습니다.

LMS 댓글로 자신의 배움 기록하기, 클래스팅 X 태블릿 안의 지구본 구글 어스

클래스팅의 장점 중 하나는 과제 배부 수합 등 수업에 필요한 학습관리 시스템이 구축되어있으면서도 클래스톡을 통해 학부모, 학생과 메시지와 전화를 주고받을 수 있는 기능도 지원한다는 점입니다. 클래스팅에 업로드한 이미지들을 한 번에 모아보기도 편리합니다. 수업과 소통을 함께 해결하고자 할 때 추천드리는 에듀테크입니다.

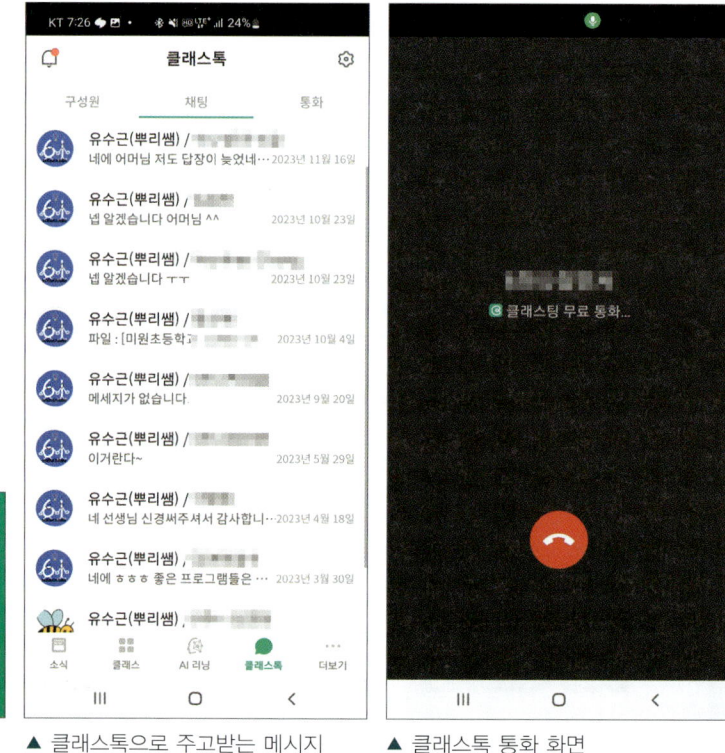

▲ 클래스팅 로고 　　▲ 클래스톡으로 주고받는 메시지 　　▲ 클래스톡 통화 화면

> 🦟 Ai코스웨어로 클래스팅AI를 이용하신다면 클래스팅 LMS에서 클래스팅AI 평가문제를 배부할 수도 있어 학습관리에 효율적입니다.

▶ 수업 사례

- 관련단원

6학년 2학기 사회: 세계의 여러 나라들

- 관련 성취기준

[6사07-02] 여러 시각 및 공간 자료를 활용하여 세계 주요 대륙과 대양의 위치 및 범위, 대륙별 주요 나라의 위치와 영토의 특징을 탐색한다

- 수업 흐름

수업 단계	수업 내용 및 활동	시간
도입	(수업 배경 설정) ⊙ 전시학습 상기 ⊙ 오늘 배울 대륙의 위치를 세계지도에서 찾아보기	5′
전개	(프레젠테이션) ⊙ 구글 어스에서 위도와 경도를 확인하는 방법 알기	10′
	(안내에 따른 연습) ⊙ 구글 어스에 유럽, 아프리카, 아메리카 대륙에 속한 나라들의 특징 표시하기	20′
정리	(정리 및 과제 안내) ⊙ 클래스팅에 오늘의 배움 정리하기	5′

본 수업은 6학년 2학기 사회과 수업 중 세계 여러나라의 지리적인 특성을 알아보는 차시입니다. 위도와 경도 등의 수리적 위치와, 어떤 대륙에 속해있고 어느 나라의 옆에 있는지 알아보는 지리적인 위치도 함께 탐구합니다. 수업 내용에 대해 클래스팅을 통해 먼저 안내하였습니다.

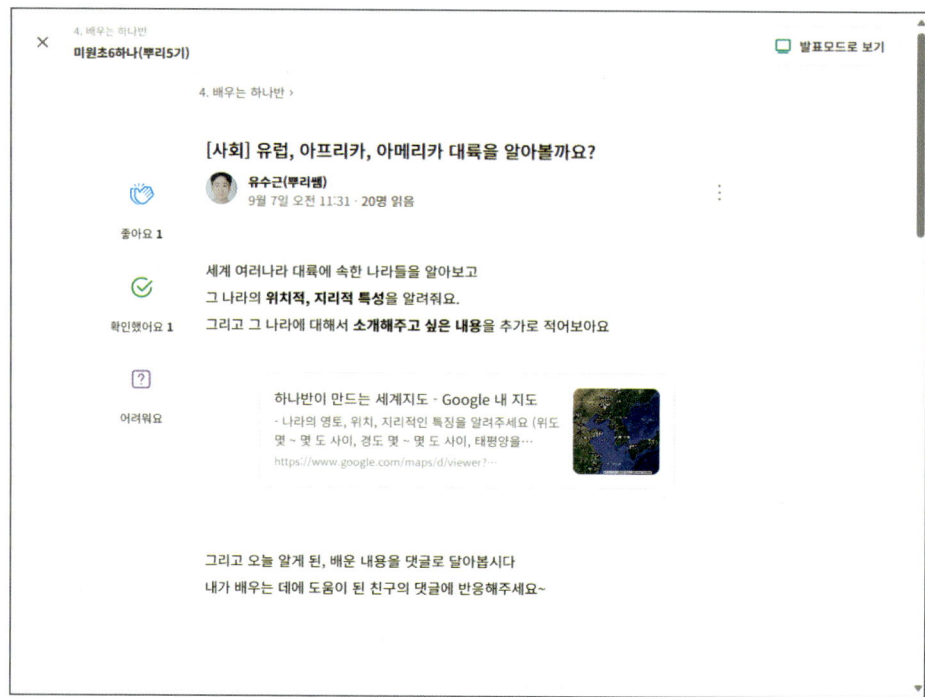

▲ 클래스팅를 활용한 수업내용 안내 장면

　탐구활동에 활용한 에듀테크는 구글 어스입니다. 구글 어스를 활용한 이유는 학생들이 컨텐츠와 동적으로 상호작용 할 수 있었기 때문입니다. 구글 어스의 지구본을 학생들이 직접 손으로 넘기면서 볼수 있습니다. 요리조리 돌려가며 볼 수 있기 때문에 평면의 세계지도에서 위치적인 특성을 파악하는 것보다 훨씬 학생들의 흥미를 유발할 수 있으며, 위치적인 감각을 길러주는 데도 도움이 됩니다.

　본 수업에서는 유럽, 아프리카, 아메리카의 여러 나라들의 위치적 특성을 조사하고 지도에 표시하여 공유하는 활동을 진행하였습니다.

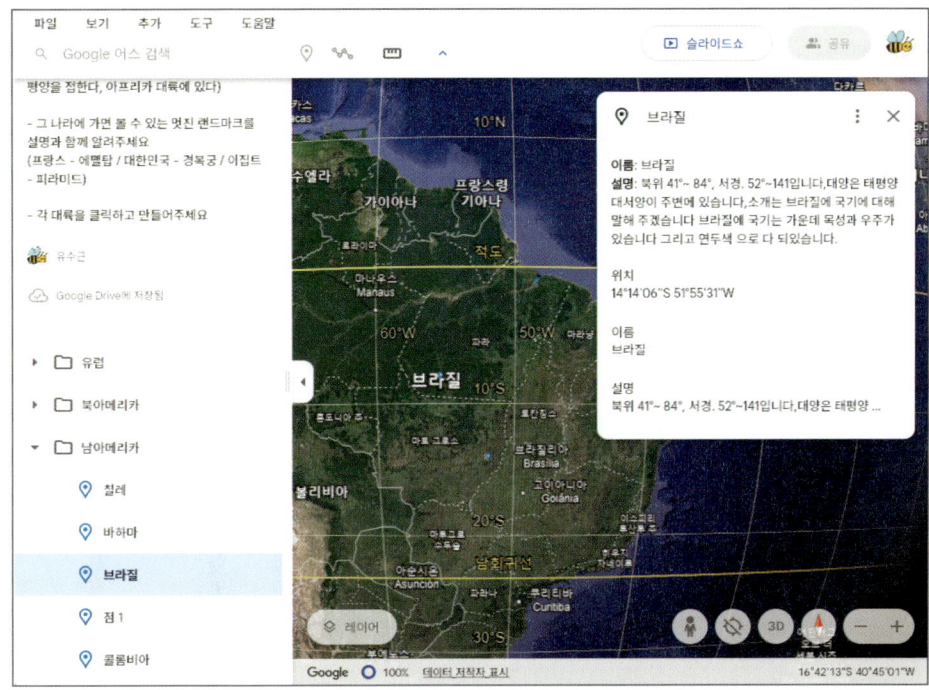

▲ 구글어스 활동 자료 캡처

• 구글 어스 활동 결과물 링크

https://bit.ly/3WtTshc

　구글 어스 위에 표시한 내용들을 함께 공유한 후 학생들과 오늘의 배움에 대해 이야기 하였습니다. 수업 중 모든 학생에게 발표할 기회를 줄 수는 없지만, 모든 학생에게 댓글로 배움을 표현할 시간을 줄 수는 있습니다. 한 두 명에게 오늘의 배움에 대해 이야기 할 시간을 준 후 오늘 알게된 내용을 댓글로 정리하였습니다.

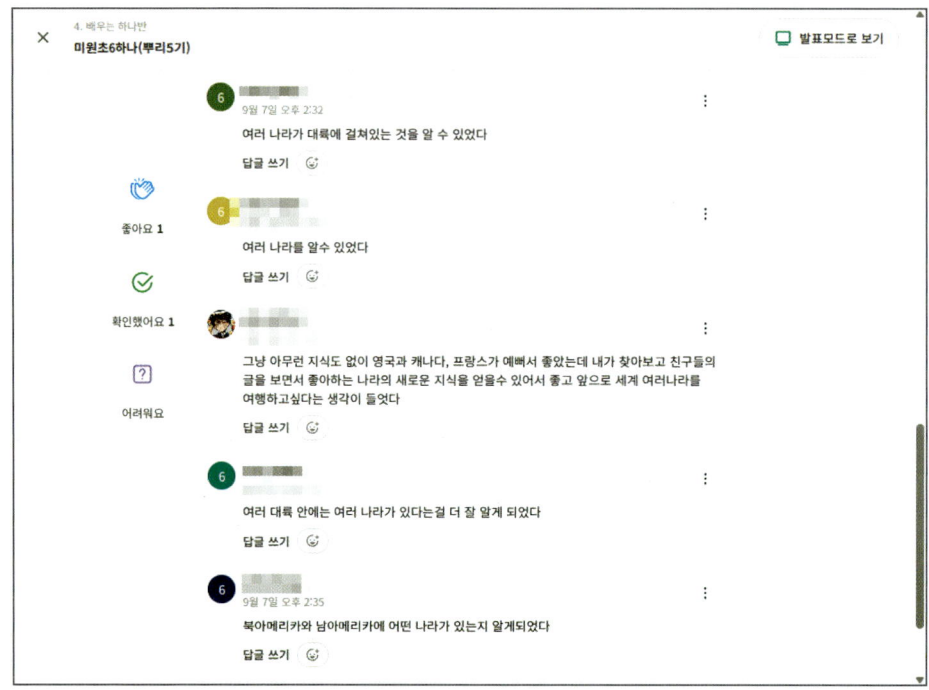

▲ 댓글로 오늘의 배움 정리하기

    수업을 정리하며 게시물에 댓글을 달도록 하는 것은 그렇게 어려운 루틴은 아닙니다. 하지만 그 효과는 무척 큽니다. 학습한 내용을 다시 한번 되새기는 효과가 있고 더불어 다른 학생들의 정리 내용을 보며 생각이 확장될 수 있습니다.

05-(2)
협동학습 모델 × 에듀테크

학생들은 혼자 학습하기 보다는 동료들과 함께 학습하는 것을 더욱 좋아합니다. 교사가 아무리 재미있게 말해도 하품하는 학생들이 나오곤 하는데 모둠 협동활동을 진행하면 학생들은 눈을 반짝입니다. 에듀테크는 학생들이 더욱 쉽게 모일 수 있게 만들어 줍니다. 서책형 콘텐츠는 내 눈 앞에서 혼자 보지만 에듀테크 콘텐츠는 서로가 연결되어 같은 것을 바라볼 수 있기 때문입니다.

배움을 공유하며 친구에게 배우기, 클래스팅AI × 띵커벨 보드

클래스팅AI는 학생들의 자기주도 학습을 돕는 AI코스웨어입니다. 학습 수준에 따라 수준별 문제를 주기 때문에 서로 다른 문제를 풀며 자신의 속도에 맞게 학습할 수 있다는 장점이 있습니다. 클래스팅AI는 학생이 틀린 문제를 [오답 보관함]에 보관합니다. 보관한 문제를 링크로 공유할 수도 이쓰며, 특별히 어려운 문제는 다른 보관함을 만들어 따로 보관할 수도 있습니다.

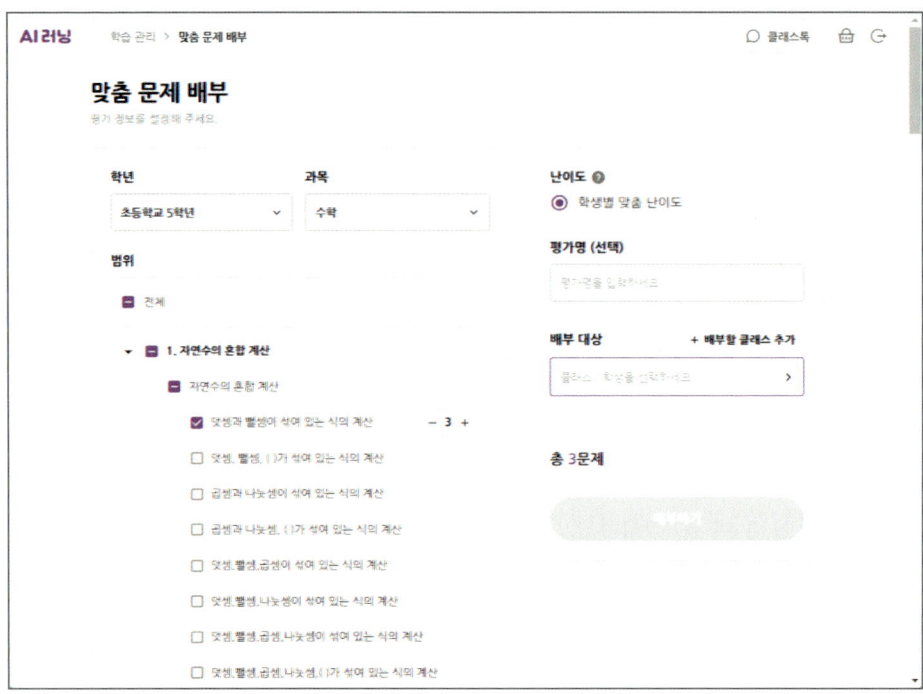

▲ 클래스팅Ai AI평가 배부

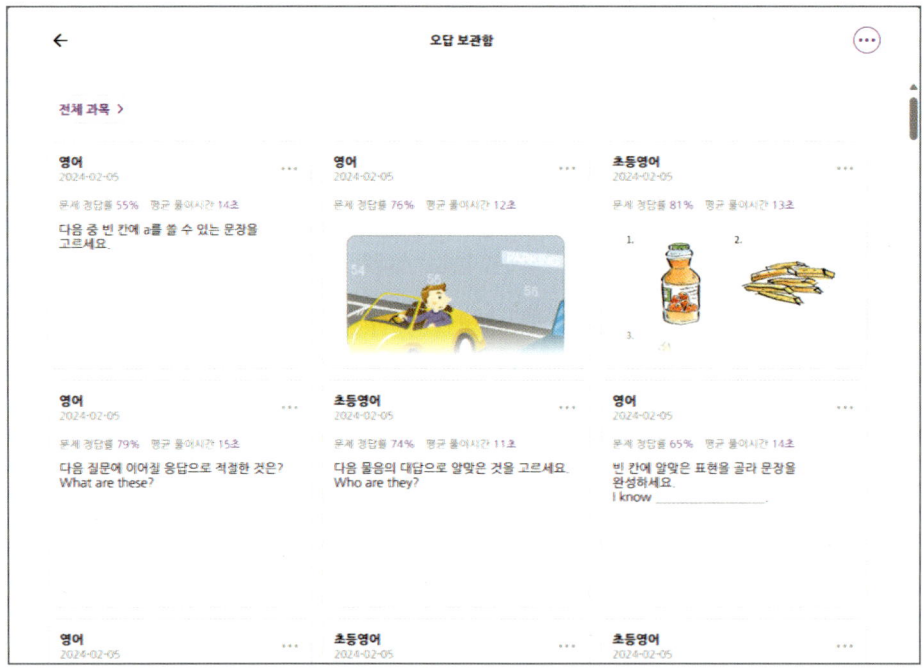

▲ 클래스팅AI 오답보관함

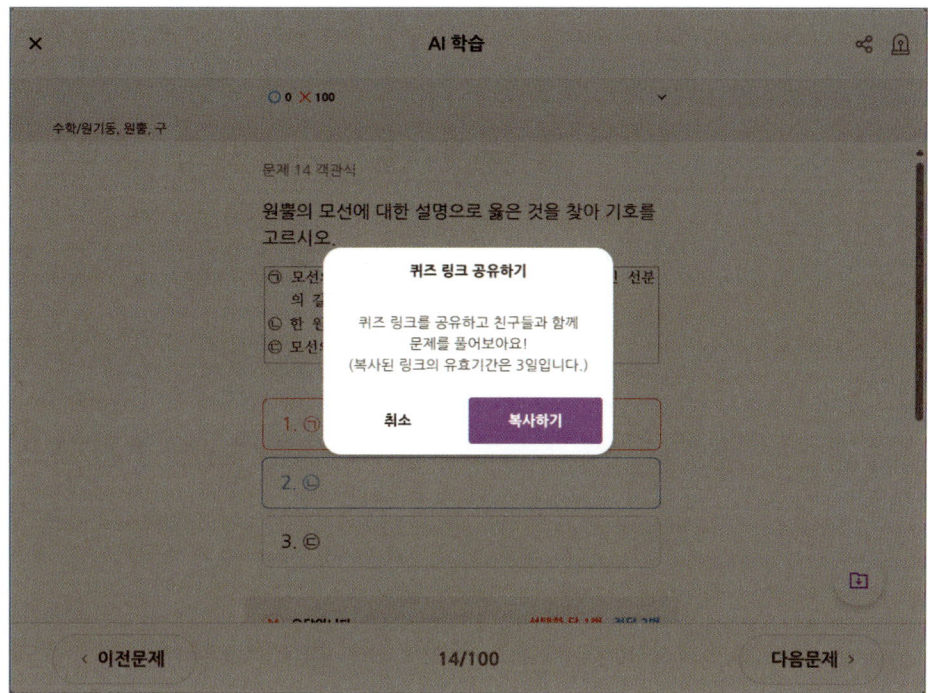

▲ 오답 링크 공유하기

> 클래스팅AI에 대한 자세한 소개는 6장에서 다루었으니 참고 바랍니다. 요즘은 다양한 AI코스웨어가 많습니다. 꼭 클래스팅AI가 아니더라도 학생의 수준별 학습을 지원하는 인공지능 튜터를 학습지원도구로 활용해보시길 추천드립니다.

▶ 수업 사례

– 관련단원

6학년 2학기 수학: 비례식과 비례 배분

– 관련 성취기준

[6수04-04] 비례식을 알고, 그 성질을 이해하며, 이를 활용하여 간단한 비례식을 풀 수 있다.

- 수업 흐름

수업 단계	수업 내용 및 활동	시간
도입	(학습목표 안내) ◉ 단원 학습내용 점검하기	5′
전개	(수준별 개별학습 1차) ◉ 클래스팅AI AI평가문제 3개 풀이 - 빠른 학습자들에게는 추가 문제 배부	10′
	(개별학습내용을 완전학습 할 수 있도록 동료/교사의 도움) ◉ 오답보관함의 링크를 복사하여 띵커벨 보드에 공유 ◉ 틀린 이유를 공유하고 문제를 해결할 수 있도록 친구로부터 배우기	15′
정리	(수준별 개별학습 2차) ◉ 클래스팅AI AI평가문제 3개 풀이	10′

본 수업은 6학년 2학기 수학 '비례식과 비례배분' 단원이며 팀 보조 개별학습(TAI) 모형을 토대로 재구성 하였습니다. 비례식과 비례배분은 학생들이 많이 어려워하는 단원 중 하나입니다. 1학기에서 배우는 '비와 비율' 단원에 대한 이해가 부족한 학생들은 단원을 시작하면서부터 앓는 소리를 내곤 합니다. '비례식과 비례배분'단원을 가르쳐보면 학생들의 누적된 학습격차를 피부로 느낄 수 있습니다.

학생별로 개인차가 이렇게 크게 나타나면, 교사 주도의 수업보다는 학생 주도의 수업이 적합할 수 있습니다. 본인의 수준에 맞추어 학습할 수 있기 때문입니다. 그래서 본 차시에서는 클래스팅AI의 맞춤형 문제 배부 기능을 활용하였습니다. 클래스팅AI의 [AI평가]라는 기능은 학생 수준별 맞춤형 문제를 배부합니다. 배부할 문제 수 역시 교사가 정할 수 있습니다.

학생들이 수준별로 문제를 풀고나면 오답보관함에서 문제를 찾아 링크를 공유합니다. 띵커벨 보드에 링크를 공유하면 모둠별로 오답을 모아볼 수 있어 편리합니다. 모둠에서는 서로 돌아가며 자신의 오답과 실수를 공유하고 아직 해결되지 않은 부분이 있다면 친구들의 도움을 받아 학습합니다.

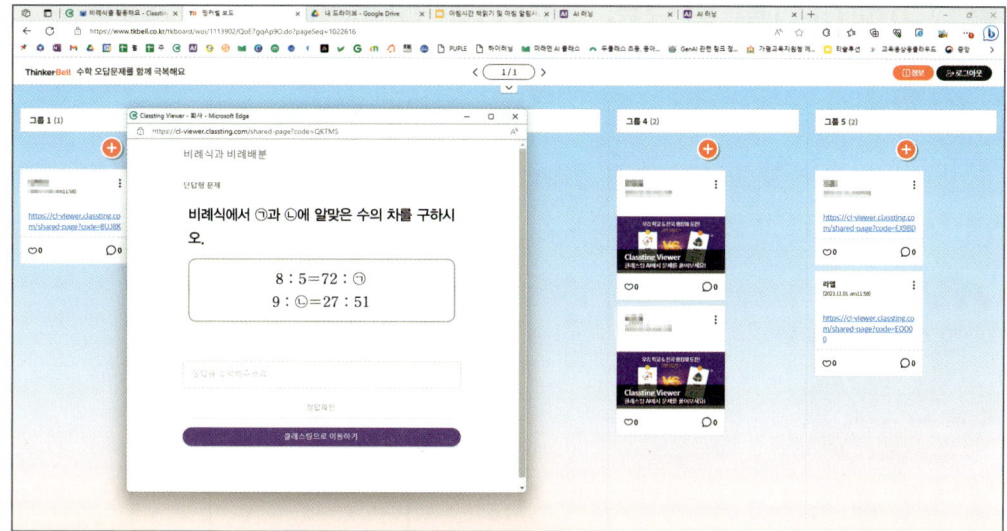

▲ 오답보관함 문제의 링크를 띵커벨 보드에 업로드한 장면

▲ 띵커벨 보드에 올라온 클래스팅 문제를 친구에게 가르쳐주는 장면

북크리에이터를 활용한 속담사전 만들기

북크리에이터는 책자 형태의 레이아웃에서 실시간 협업 활동을 지원하는 에듀테크입니다. 이미지를 삽입, 텍스트 입력, 펜 그리기 등의 기능을 지원하기 때문에 펜이 있는 스마트기기를 쓰고있다면 활용도가 무척 다양한 프로그램입니다.

▲ 북크리에이터 로고

조작법은 매우 직관적이고 단순해서 고학년이면 금방 파악할 수 있고 3,4학년도 한 차시 정도만 배우면 금방 시도할 수 있습니다. 또한 소셜로그인을 지원하기 때문에 따로 회원가입이 필요하지 않다는 것도 장점입니다.

▲ 북크리에이터 로그인 화면

▶ 수업 사례

- 관련단원

6학년 1학기 국어: 속담을 활용해요

- 관련 성취기준

[6국04-04] 관용 표현을 이해하고 적절하게 활용한다.

- 수업 흐름

수업 단계	수업 내용 및 활동	시간
도입	(학습목표 안내) ⊙ 우리가 생활속에서 자주 접할 수 있는 속담으로 속담 사전을 만들기	5′
전개	(계획하기) ⊙ 속담 사전에 담을 속담 선정하기	15′
	(실행하기1) ⊙ 속담사전에 실을 속담 연출하기	25′
	(실행하기2) ⊙ 북크리에이터로 속담사전 만들기	30′
정리	(정리 및 공유하기) ⊙ 속담사전 함께보기	5′

관용표현은 우리나라 언어의 즐거움을 느껴볼 수 있는 단원입니다. 재미있는 비유와 해학이 있는 관용표현들을 접하며 일상생활 속에서도 재치있는 언어생활을 할 수 있기를 바라는 마음으로 본 수업을 설계하였습니다.

학교생활 속에서 우리가 자주 마주하게 되는 상황과 그 상황과 어울리는 속담을 엮어 속담사전으로 만드는 활동을 기획하였습니다. 학생들은 상황에 어울리는 장면을 연출하여 사진을 찍고 북 크리에이터에 업로드한 후 꾸미는 흐름으로 진행하였습니다. 모둠별로 저마다의 개성이 드러나는 재미있는 작품들을 볼 수 있었습니다.

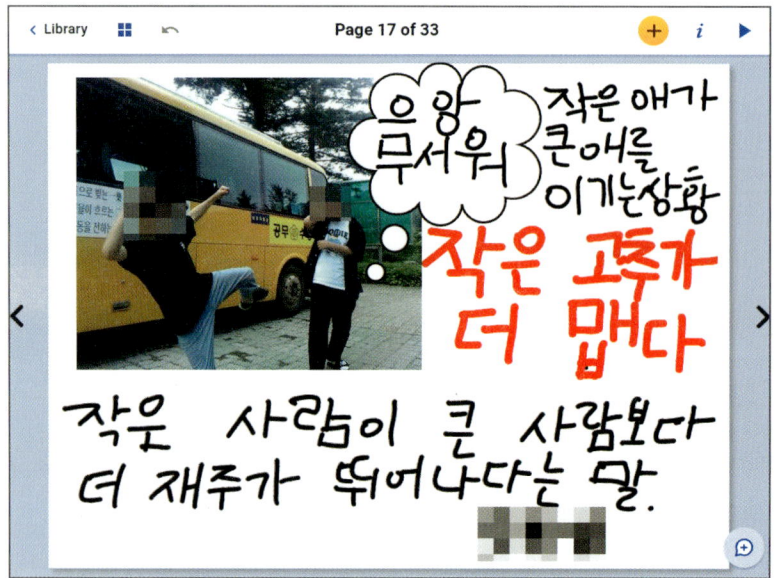

▲ 북크리에이터 활동자료 캡처

▲ 북크리에이터 활동자료 캡처

05-(3)
토론학습 모델×에듀테크

글을 쓰기 위해선 글감이 필요한 것처럼, 학생들도 토론에 참여하기 위해서는 '말할 거리'가 있어야 합니다. 하지만 많은 양의 말할 거리를 스스로 만들어내는 일은 쉽지 않습니다. 이럴 때 활용하면 좋은 프로그램이 띵커벨 보드, 패들렛과 같은 게시판형 에듀테크입니다.

게시물 색깔을 이용해 찬반 표현하기, 띵커벨 보드

띵커벨 보드는 학생들의 게시물들을 한 번에 모아볼 수 있기 때문에, 학생들은 찬성과 반대에 대한 우리 반 학생들의 다양한 의견들을 쉽게 접할 수 있습니다. 보드에 올라온 여러 의견들을 접하면서 자신의 '말할 거리'를 조금씩 쌓아갈 수 있습니다.

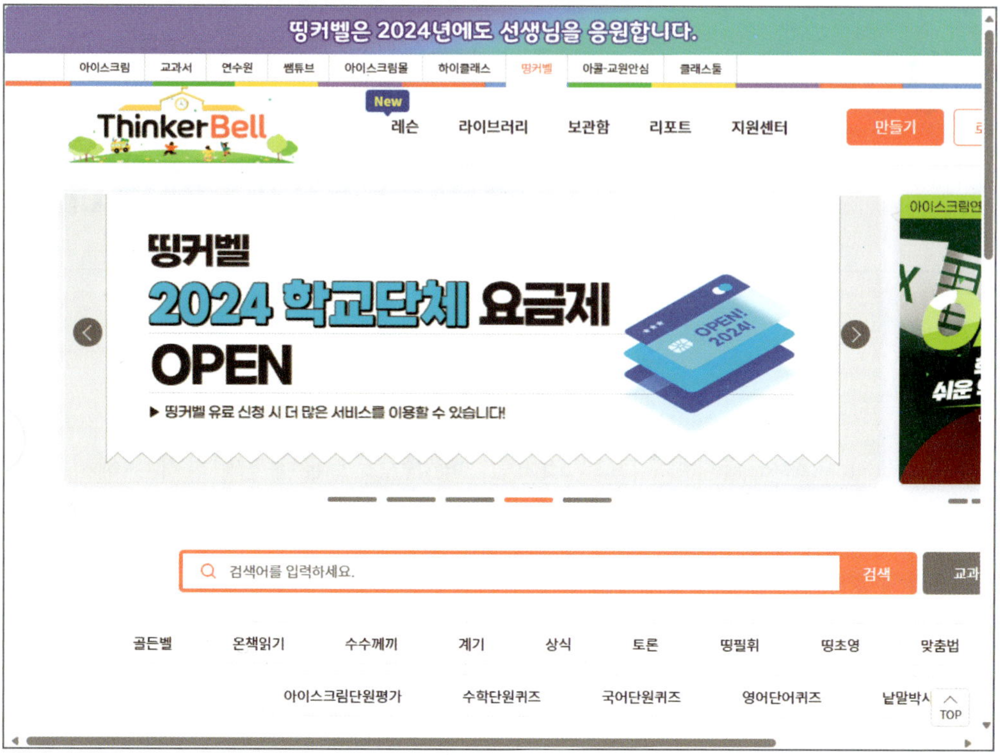

▲ 띵커벨 홈페이지

- 띵커벨 홈페이지

https://www.tkbell.co.kr/user/main.do

▶ 수업 사례

– 관련단원

6학년 2학기 국어: 글에 담긴 생각과 비교해요

– 관련 성취기준

[6국02-03] 글을 읽고 글쓴이가 말하고자 하는 주장이나 주제를 파악한다.

- 수업 흐름

수업 단계	수업 내용 및 활동	시간
도입	(주제 확인하기) 착한 사마리아인 법 알아보기	5′
전개	(아이디어 모으기) 모둠별로 자신의 생각이야기 해보기	10′
전개	(토의토론 준비하기1) 자신의 생각 띵커벨 보드에 업로드하기	10′
전개	(토의토론 준비하기2) 인터넷으로 조사하여 주장의 근거 추가하기	10′
정리	(정리 및 평가하기) 설득력있는 주장을 한 학생의 의견에 좋아요 표시하기	5′

본 수업은 토론 수업으로 나아가기 전에 학생들에게 '말할 거리'를 만들어주기 위한 수업이었습니다. '착한 사마리아인 법'에 대해서 알아보고, 이 법에 대해서 찬성하는지 반대하는지 자신의 의견을 적어보도록 하였습니다.

학생들은 3가지 단계를 통해 생각의 재료를 모아갑니다.
첫째, 모둠별로 자신의 생각 나누기.
둘째, 띵커벨 보드에 업로드되는 다른 친구들의 의견 참고하기.
셋째, 스마트기기를 활용한 인터넷 검색으로 근거 탐색하기.

대부분의 학생들은 가만히 듣고있는 것보다는 말하는 것을 좋아합니다. 토론할 때에 학생들이 적극적으로 말하지 못하는 이유는 '할 말이 없어서'인 경우가 많습니다. 에듀테크를 활용해 학생들의 생각을 모아 공유한다면 학생들이 '말할 거리'를 만드는 데 도움이 됩니다.

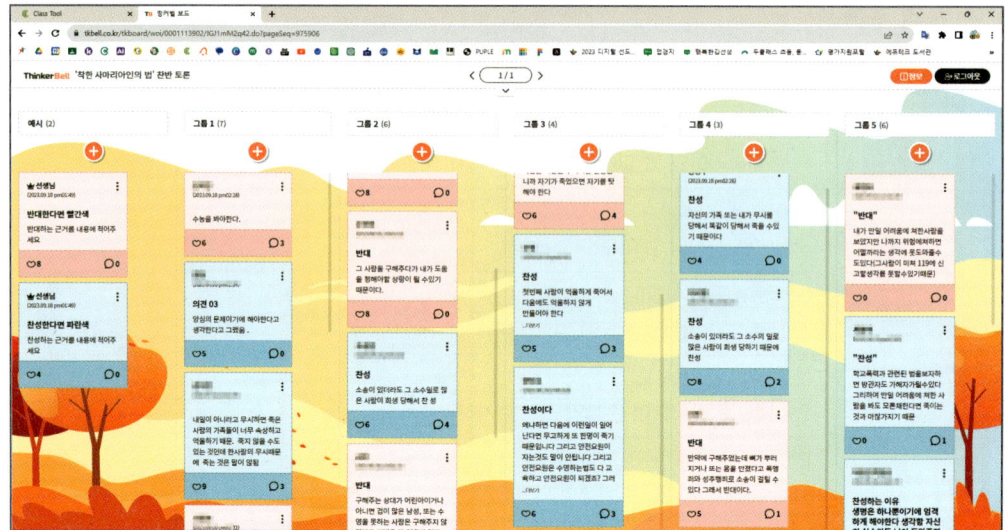

▲ 띵커벨 보드에 찬반 의견 모으기

> 띵커벨 보드는 게시글의 색을 다르게 표현할 수 있도록 지원하고 있습니다. 찬성과 반대의 색을 다르게 하여 업로드 하도록 지도하면 주장을 파악하는 데 편리하고 시각적으로도 안정감을 줍니다.

05-(4)
프로젝트학습 모델×에듀테크

에듀테크를 활용한 프로젝트 학습은 학습 동기를 꾸준히 유지하면서도 학생들의 창의성과 문제 해결 능력을 향상시킬 수 있습니다. 또한, 협력적 학습 환경을 조성하여 소통 능력과 팀워크를 발달시키는데 기여할 수 있습니다. 프로젝트의 선정, 수행, 마무리, 토의활동, 조사활동, 탐구활동, 발표 및 평가 활동에 이르기는 과정들 속에서 에듀테크를 적절히 활용하면 효과적인 프로젝트 수업을 할 수 있습니다.

조사 내용 정리 및 보고서 만들기, 구글 문서

구글 문서는 교육 환경에서 협업과 공유를 촉진하는 강력한 문서 도구입니다. 이 프로그램을 사용하면 학생들은 실시간으로 문서를 작성하고, 친구들과 정보를 공유하며, 피드백을 할 수 있습니다.

협업 에듀테크를 이용함에 있어서 정말 중요한 부분은 에듀테크의 안정성과 실시간 동시참여입니다. 일부 문서 에듀테크는 한 텍스트 상자를 누군가가 클릭해 놓고 있으면 해당 부분은 수정이 아예 안되는 경우가 있습니다. 표 안에서 작업하고 있을 때엔 특히 문제가 심해집니다. 그런데 구글 문서는 실시간 협업활동에 전혀 불편함이 없습니다. 원하는 위치를 클릭하고 원하는 정보를 입력하는 활동이 물흐르듯 자연스럽게 이루어 집니다. 작은 일로도 쉽게 주의력을 잃는 초등학생들과 활용할 때에도 혹시 프로그램이 잘못될까 불안해하지않고 사용할 수 있습니다.

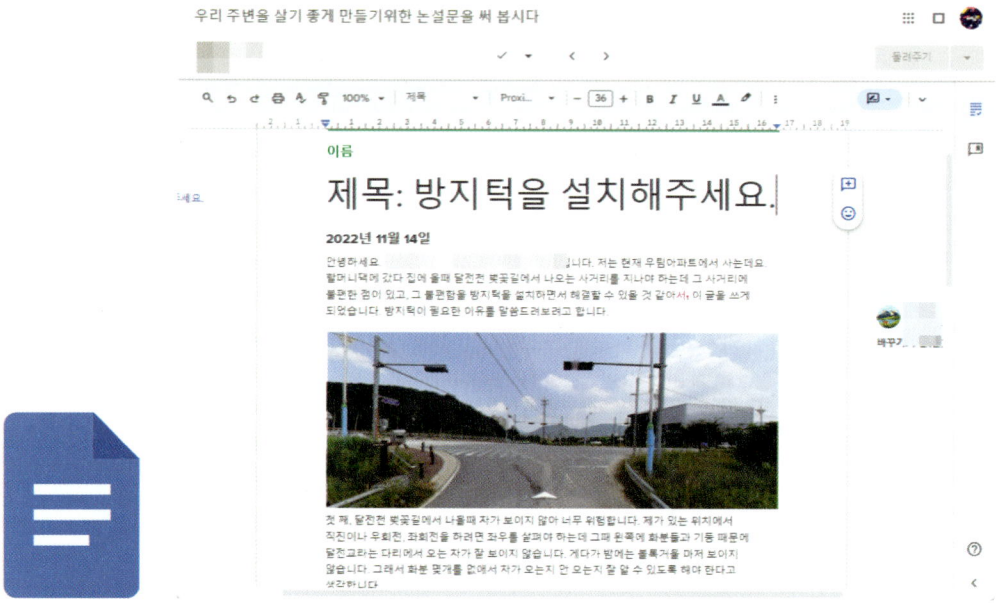

▲ 구글 문서 로고   ▲ 구글 문서로 작업한 논설문

▶ 수업 사례

- 관련단원

초등 6학년 1학기 사회: 우리나라의 정치발전

- 관련 성취기준

[6사05-03] 일상생활에서 경험하는 민주주의 실천사례를 탐구하여 민주주의의 의미와 중요성을 파악하고, 생활 속에서 민주주의를 실천하는 태도를 기른다

- 수업 흐름

수업 단계	수업 내용 및 활동	시간
도입	(문제 인식하기) 경제교실에서 발생한 문제 파악하기	3´
전개	(문제의 원인 파악하기) 문제의 원인이 무엇이었는지 알아보기	12´
전개	(문제 해결 방안 모색하기) 문제 해결 및 재발 방지 방안 논의하기	22´
정리	(계획 공유하기) 모둠별 계획 공유하기	3´

학생들에게 실천적인 경제교육을 운영해보고자 학급경영의 일환으로 학급 화폐활동을 운영하였습니다. 학생들이 '주체적이면서 민주적이고 합리적으로 문제를 해결할 수 있는 사람'이 되었으면 하는 마음에서 시작하게 되었습니다. 1인 1역을 기반으로 학생들이 직업을 갖고 월급을 받으며, 재화와 서비스를 학급의 화폐로 생산하고 소비하는 활동들이 활발하게 이루어졌습니다.

그러던 어느 날, 한 학생이 무리하게 사업을 벌이다 파산하는 사태가 발생하였습니다. 그래서 이 사건을 경제교실 공동의 의제로 올리고, 파산한 학생에 대해서 경제교실 차원에서 어떻게 대응해야 할지 논의하는 시간을 가졌습니다.

먼저 토의를 통해 이 문제에 대한 의견을 나누었습니다. 문제의 원인이 무엇이었는지에서부터 파산한 학생을 도와주는 것이 옳은지까지 여러 가지 이야기를 나누어볼 수 있었습니다. 토의 후에는 분석한 원인을 바탕으로 현재 상황을 어떻게 처리할 것인지, 비슷한 일의 재발 방지를 위해선 무엇을 할 수 있는지 모둠별로 이야기를 나누었습니다.

이 때 구글 문서를 활용해 실시간으로 협업하며 보고서를 작성하였습니다. 실시간으로 문서를 공유하고 있기 때문에 서로의 작업에 대한 피드백이 빨랐고, 동시에 작업할 수 있어서 보고서를 작성하는 속도도 혼자 할 때보다 더욱 빨랐습니다.

학생들이 작성한 문제해결 방안은 경제교실의 규칙으로 삼고 함께 실천하였습니다. 학생들의 일상생활과 통합된 문제였던 만큼 학생들의 참여도도 높았고 태도도 진중하였습니다. 선생님들의 학급에서도 다양한 활동을 시도해보시고 공동의 문제가 생겼을 때 함께 해결해나가는 수업을 해보시길 추천드립니다.

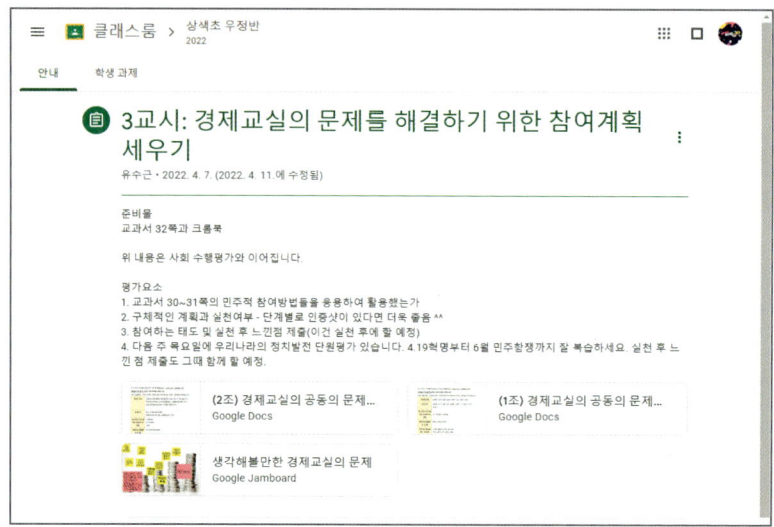
▲경제교실 프로젝트 수업 안내

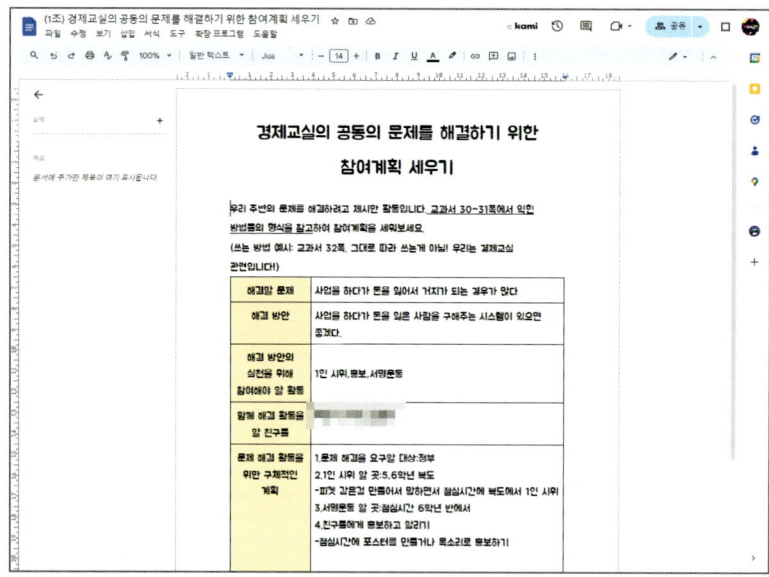
▲학생들이 작성한 문제 해결 보고서

05-(5)
창의적 문제해결학습 모델×에듀테크

3D모델링을 활용한 배움의 표현, 팅커캐드

팅커캐드(Tinkercad)는 초등학생도 쉽게 사용할 수 있는 온라인 3D 디자인 플랫폼입니다. 팅커캐드를 활용하면 3D 모델을 쉽게 만들고, 수정하고, 공유할 수 있습니다. 3D 모델링 도구인 만큼 수업에서 다양하게 활용 가능합니다.

▲팅커캐드 로고

❶ 역사적 건축물 재현하기

학생들이 역사적인 건축물을 조사하고, 그것을 팅커캐드를 사용하여 재현해보도록 할 수 있습니다. 초등학교 5학년 2학기 역사 시간에 '팅커캐드를 활용해 거북선 만들기' 활동도 재미있습니다.

❷ 생물 구조 만들기

과학시간에 학생들이 세포나 DNA와 같은 생물학적 구조를 틴커캐드로 만들어 볼 수 있습니다. 또는 꾸준히 관찰해온 강낭콩의 변화과정의 특징을 표현해 볼 수도 있습니다.

❸ 미래도시 만들기

학생들이 상상한 미래의 모습을 자유롭게 표현해 보는 활동도 시도할 수 있습니다.

틴커캐드는 학생들도 정말 좋아하는 프로그램 중 하나입니다. 틴커캐드를 활용하면 학생들의 학습동기를 유발하고 창의력과 문제 해결 능력을 향상시키는 데 도움이 될 수 있습니다. 또한 틴커캐드 역시 실시간 협업활동을 지원하고 있어 무척 매력적입니다.

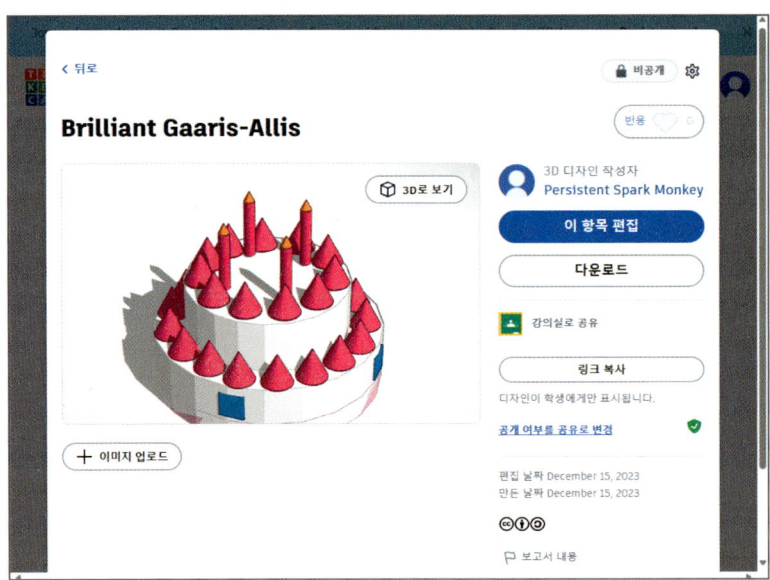

▲ 원기둥 원뿔 각기둥으로 만든 케이크

수업 사례

- 관련단원

초등 6학년 미술: 공간을 생각하는 건축

- 관련 성취기준

[6미02-03] 다양한 자료를 활용하여 아이디어와 관련된 표현 내용을 구체화할 수 있다.

[6미02-05] 다양한 표현 방법의 특징과 과정을 탐색하여 활용할 수 있다.

- 수업 흐름

수업 단계	수업 내용 및 활동	시간
도입	(문제 발견 단계) 우리 마을의 불편한 점 탐색하기	5′
전개	(아이디어 발견 단계) 중요한 문제 선정하기	10′
	(해결책 발견 단계) 문제 해결 아이디어 모으기	20′
	(수용 및 표현 단계) 문제를 해결한 미래도시 만들기	30′
정리	(공유하기)	15′

본 수업에서는 '틴커캐드를 활용한 미래도시 만들기'를 주제로 활동하였습니다. 우리 마을의 문제점을 탐색하고 문제점을 해결한 미래도시를 만드는 흐름으로 진행하였습니다.

다양한 아이디어들이 나왔지만 의외로 학생들이 모두 공감했던 문제는 주차문제였습니다. 학교 앞의 주차장이 작아 학생들이 등하교할 때에 자동차들이 많이 몰려있어 위험해 보인다는 의견이었습니다.

이어지는 활동에서는 학생들과 함께 주차문제가 해결된 미래도시에는 무엇이 있을지 브레인스토밍하였습니다. 다양한 아이디어들이 나왔고, 학생들의 생각이 무르익었을 때 즈음 모둠활동을 시작하였습니다. 틴커캐드는 실시간 협업활동을 지원하기 때문에 미래도시를 만드는 활동도 함께 작업할 수 있었습니다.

　학생들이 생각해낸 아이디어 중에는 날아다니는 자동차와 높은 주차타워였습니다. 자동차가 날아다닐 수 있으면 길을 막지 않아 학생들이 안전할 수 있고 주차타워를 높이 쌓으면 주차공간을 많이 차지하지 않아서 많은 자동차를 주차시킬 수 있다고 하였습니다. 학생들은 저마다의 개성있는 생각을 틴커캐드로 표현해 보았습니다. 작품을 만들고 공유하는 시간에는 한껏 상상력을 발휘하며 미래도시를 만들었던 여운이 남았는지, 작품을 공유하는 내내 학생들의 입가에 웃음이 끊이지 않았습니다.

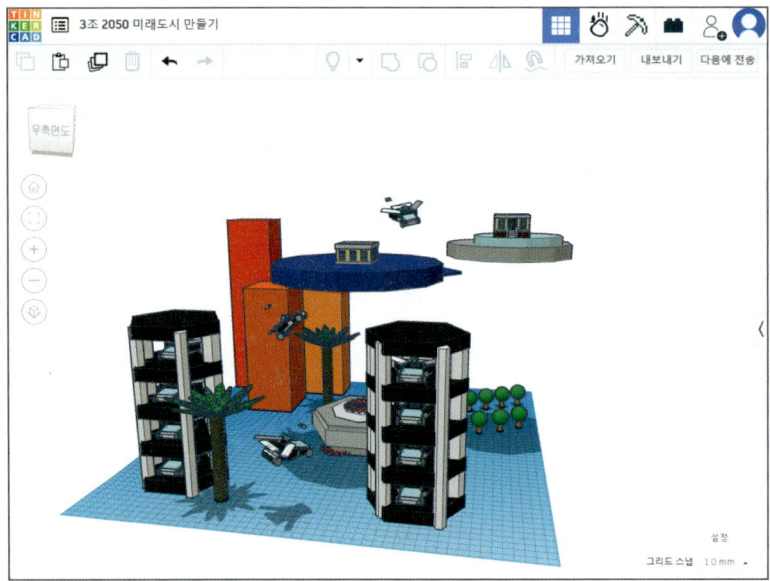
▲ 틴커캐드로 만든 미래도시

Special Page _ 펜으로 그리는 PDF 학습지, Kami

LMS를 선택할 때 구글 클래스룸을 선택한다면 늘 함께 사용하시기를 권하는 확장프로그램이 있습니다. 바로 Kami라는 프로그램입니다. Kami는 PDF를 학생들에게 배포하고 그 위에서 자유롭게 텍스트를 입력하거나 펜 작업을 통해 그림을 그릴 수 있도록 지원하는 웹 기반 에듀테크입니다.

선생님이 활동지를 PDF로 변환하고 Kami를 통해 구글 클래스룸에 게시하면, 학생들은 구글 클래스룸에 접속하여 Kami를 활용한 활동에 바로 접속할 수 있습니다. 활동지를 배부할 때의 권한 설정을 통해서 보기 전용으로 제시도 가능하며 학생들이 활동지 위에서 동시에 협업하는 수업을 할 수도 있고, 학생이 개인별로 활동지를 받아 스스로 해결하는 활동을 제안할 수도 있습니다. 또 하나의 기능은 Class View 기능으로, 학생들의 작업을 실시간으로 모아보며 확인할 수 있습니다. 클래스뷰에서 학생들의 활동지에 교사가 그림을 그리거나 텍스트를 입력하는 방법으로 피드백을 주는 것 역시 가능합니다.

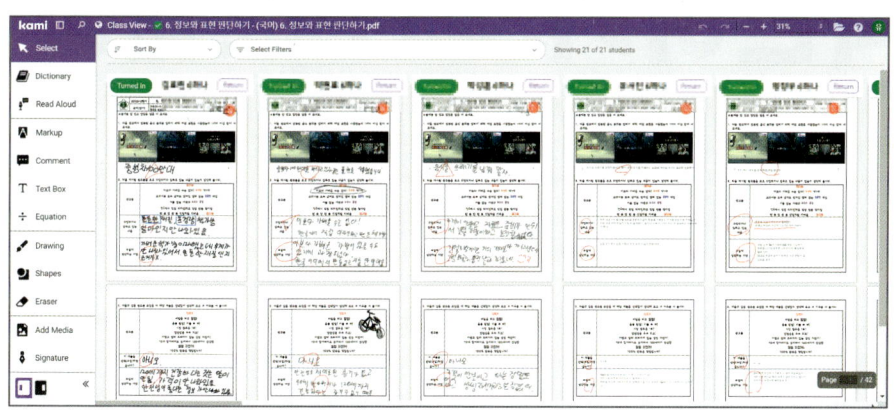

▲ 학생 활동자료 Class View로 모아보기

다만, Kami가 해외 프로그램이기 때문에 영어로 지원되는 점과, 모든 기능을 사용하려면 유료로 전환해야 한다는 점은 단점입니다. 하지만 무료버전에서도 텍스트 박스 입력, 도형 추가, 형광펜, 펜으로 그리기 등의 기본기능은 활용할 수 있습니다. 이미지 추가, 서명 추가, 음성 메모 등의 기능은 유료 결제 후 사용 가능합니다.

CHAPTER 06

에듀테크로 배움을 확인하기: AI코스웨어

이번 장에서는 학급에서 활용하기 좋은 AI코스웨어들과 그 기능에 대해 함께 알아보도록 하겠습니다. 프로그램의 기능들을 자세하게 알아보기 보다는 교수학습 과정에서 유용한 기능을 중심으로 엮어서 안내해드리겠습니다.

06-(1)

AI코스웨어란?

AI코스웨어는 3가지 단어가 결합된 합성어입니다. AI(인공지능)+Course(교육과정)+SoftWare(소프트웨어)가 합쳐서 AI코스웨어라고 불립니다. "인공지능을 활용하여 교육과정 성취기준을 달성할 수 있도록 지원하는 에듀테크 프로그램"이라고 생각하시면 됩니다. AI코스웨어는 그 역할에 따라 크게 두 가지로 분류할 수 있습니다. AI보조교사(AI Assistant)와 AI튜터(AI Tutor)입니다. '둘 중에 어느 것이 좋다'라는 관점보다는 내가 이용하는 AI코스웨어는 어떠한 성격의 에듀테크이며 그 역할을 충실하게 수행하는지, 그리고 부족한 점이 있다면 그 단점을 보완하기 위한 프로그램은 무엇인지 고려하시며 이용하면 됩니다.

AI코스웨어는 기본적으로 '문제 배부 - 채점 - 평가 - 후속학습 제안'이라는 일련의 미시적인 학습 과정을 자동화 합니다. 물론, 위 과정을 수행하지 못하는 교사는 없습니다. 다만, 모든 학생에게 일일이 맞춤형으로 지원하는 것은 참 어렵습니다. 교사는 한 명이지만 학생들은 다수이기 때문입니다. 교사는 수업준비만 하는 것이 아니라 학급관리, 생활지도, 행정업무 등을 함께 수행해야 합니다. 학생 한명 한명을 자세하게 관찰할 만한 여유를 만들기는 쉽지 않습니다. 그런데 AI코스웨어의 도움을 받으면 학생들의 현 상태에 대한 진단 상태를 효율적으로 파악할 수 있습니다. 비록 그 진단이 완벽하지 않더라도 학생을 판단하는 데에 어느 정도 유효한 정보가 된다면, 그것만으로도 학생들에게 어떤 정서 · 학습적 지원을 할지 계획하는 데에 큰 도움이 됩니다. AI코스웨어를 활용하면, AI코스웨어를 통해 자동화할 수 있는 영역보다는 학습 방법, 방향, 동기 및 진로와 관련된 부분을 코칭하는 데에 교사가 더욱 집중할 수 있습니다.

학습 과정	개념 지도	문제 배부	채점	평가	후속학습 제안
교사	○	-	-	-	정서적, 학습적 지원
AI코스웨어	동영상 강의	자동화			○

AI보조교사

AI보조교사는 교사를 보조하는 역할을 수행합니다. 학생들의 학습 데이터를 분석하고 평가하여 개별 맞춤 학습을 제공하며, 학습 진도를 추적하고 학습 동기를 유지하는 등 다양한 교육 지원을 제공합니다. AI보조교사는 교사와 학생들을 돕는 역할을 하기 때문에 교실에서 교사와 함께 활동하며 학생들을 지원합니다. AI보조교사는 학생들의 학습 데이터를 분석하여 맞춤형 학습을 제공하며, 학습 진도를 추적하고 평가합니다. AI보조교사는 교사를 보조하여 학생들을 지원하고 교육 과정에서 다양한 기능을 수행합니다.

▲ 생성형AI 뤼튼을 이용해 만든 이미지

AI튜터

AI튜터는 학생들의 개인 학습을 돕기 위해 인공지능 기술을 활용합니다. 학생들의 학습 상황을 분석하여 개인 맞춤 학습 계획을 세우고 지속적인 피드백을 제공하며, 학습 동기를 유지하는 역할을 수행합니다. AI튜터는 개인 학습을 돕기 위해 개별 학생들에게 맞춤형 지원을 제공하므로 개별 학생들과의 상호작용이 중요합니다. AI튜터는 개인 학습 계획을 세우고 지속적인 피드백을 제공하여 학생들의 학습 동기를 유지합니다. AI튜터는 개인 학습을 돕고 학생들에게 맞춤형 지원을 제공하여 학습 동기를 유지합니다.

▲ 생성형AI 뤼튼을 통해 제작한 이미지

06-(2)
AI코스웨어를 활용해 학생 진단하기

학생들에게 배움의 동기를 일으키는 것은 무척 중요한 일입니다. 배움에 대한 흥미는 과제의 난이도에 의해서 결정되기도 합니다. 학생의 수준에 맞는 적절한 과제, 또는 학생의 수준보다 살짝 어려운 도전 과제를 제시해 주어야 합니다. 너무 쉬운 과제를 준다면 시시하다고 생각하여 배울 게 없다고 속단할 수 있고, 너무 어려운 과제를 준다면 학습의 의욕이 꺾일 수 있습니다. 그래서 단원을 시작하기에 앞서 학급 학생들의 수준이 어느 정도인지 진단하는 과정은 반드시 필요합니다. 그런데 이 과정을 AI코스웨어를 활용하면 효율적이고 효과적으로 수행할 수 있습니다. 클래스팅AI를 활용한 진단 과정과 미래엔AI클래스를 통한 성취기준 도달 정도에 대한 평가 과정을 보여드리겠습니다.

학습부진이 시작된 곳을 끝까지 추적하기, 클래스팅AI

학생들을 맞이하는 학년초에는 여러 진단평가들을 보게 됩니다. 진단평가를 보는 이유는 뭘까요? 우리 학급의 학습실태를 파악하고 교수·학습 설계에 반영하기 위함입니다. 정확하게 진단할수록 학생에게 꼭 필요하고 배움이 잘 일어날 수 있는 맞춤형 수업을 할 수 있습니다.

> 클래스팅AI 수학은 초등학교 1학년부터 고등학교 3학년까지 지원하기 때문에 모든 학년에서 이용 가능합니다.

▲ 클래스팅AI 로고

클래스팅AI의 진단평가는 조금 특별합니다. 보통의 진단평가는 단원 학습을 위한 사전 개념 중 중요한 내용을 물어보고 정오를 확인합니다. 정오 여부에 따라서 교사는 학생의 해당 개념 학습상태를 확인할 수 있습니다. 그런데 클래스팅AI의 진단평가는 개념의 정오 여부에 따른 학습상태 파악뿐만 아니라 학생의 학습부진이 어디에서부터 시작되었는지 파고 들어갑니다. 이해를 돕기위한 예시로 초등학교 6학년 2학기 '원기둥, 원뿔, 구' 단원의 진단평가를 함께 풀어보겠습니다.

진단평가는 본 단원 학습을 위한 사전학습이 충분한지 판단하는 평가입니다. 본 단원보다 앞선 단원인 '원의 넓이' 단원의 문제가 처음으로 나왔습니다. 계속 문제를 틀릴 경우 어떻게 바뀌는지 알아보겠습니다.

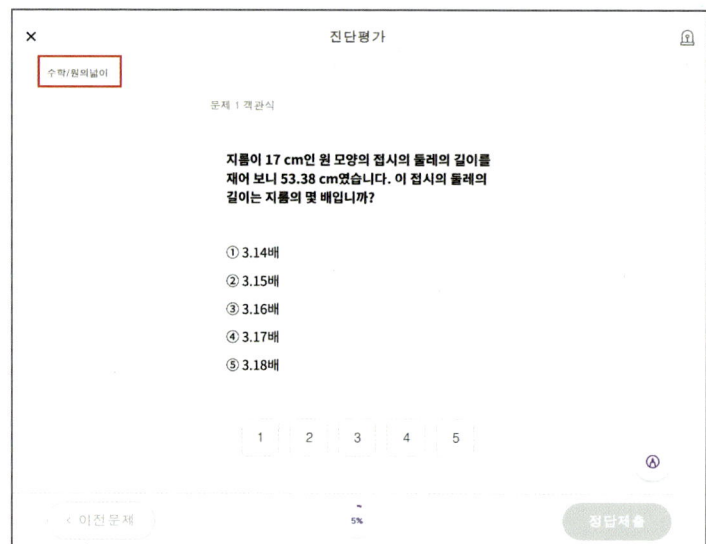

▲ 원기둥, 원뿔, 구 단원 진단평가의 첫 번째 문제

앞의 문제를 틀리고 '원의 넓이' 단원의 문제가 몇 문제 연속으로 나왔습니다. 해당 문제를 계속해서 틀리자 클래스팅AI는 해당 개념에 대한 학습부진이 어디에서부터 시작되었는지 파악하기 위해 하위 개념의 문제를 제안합니다. 아래 이미지에서는 원의 넓이를 계산하기 위해 필요한 개념인 소수의 나눗셈을 물어보는 문제를 볼 수 있습니다. 원의 넓이보다 한 단계 이전의 문제를 제안합니다. 계속해서 문제를 틀려보겠습니다.

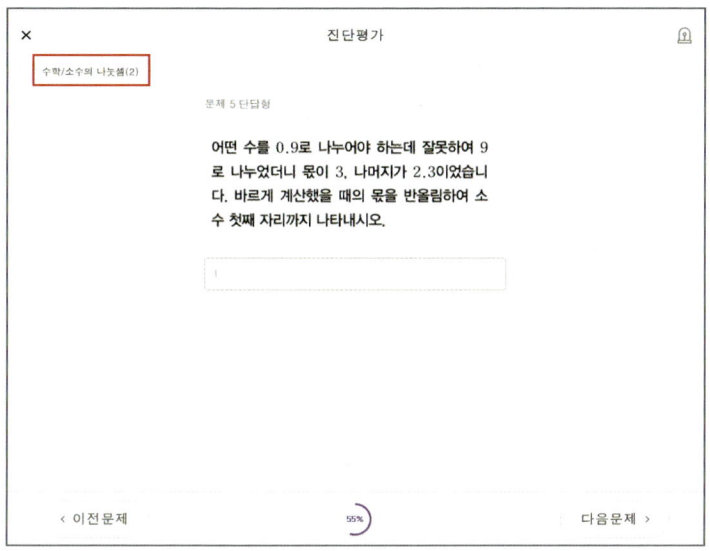

▲ 소수의 나눗셈을 물어보는 장면

소수의 나눗셈 문제를 틀리면 그 이전의 개념인 '소수의 곱셈'까지 계열을 낮추어 물어봅니다. 이러한 방법으로 점점 더 파고 들어가서 학생의 학습부진이 어디에서부터 시작되었는지 찾아내고 학생의 현상태를 진단하여 그림으로 보여줍니다. 진단평가 결과 중 [단원 학습맵]을 보면 본 단원인 '원기둥, 원뿔, 구' 단원을 학습하기 전, 해당 학생이 충분히 숙지한 개념은 무엇이고 아직 부족한 개념은 무엇인지 직관적으로 파악할 수 있습니다.

소수의 곱셈과 소수의 나눗셈을 할 수 없는 학생이라면 원의 넓이 단원을 제대로 학습할 수 없습니다. 학급에 사전 개념 숙지가 필요한 학생들이 많이 있다면 진도를 늦추거나 보충학습 계획을 수립하시는 등 부족한 개념을 보강하며 학습할 수 있도록 유연하게 대처해야 합니다. 학습할 준비가 안 된 상태에서 어려운 개념을 마주하는 것은 학생들에게 참 괴로운 일입니다. 클래스팅AI와 같은 AI코스웨어를 활용해 단원을 시작하기 전 학생들의 현 상태를 효율적으로 진단해 보는 것은 어떨까요?

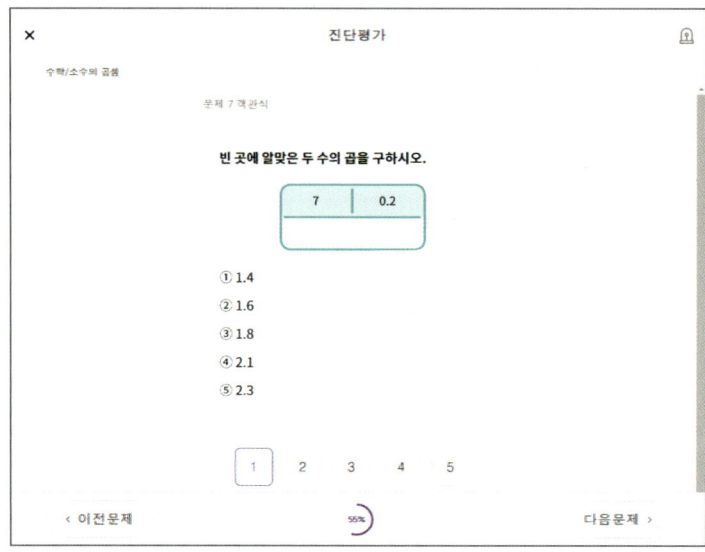
▲ 소수의 곱셈을 물어보는 문제

▲ 진단평가 결과

수업 중 클래스팅AI 진단평가를 이용할 때엔

처음에 나오는 6개의 문제를 모두 맞추게되면 진단평가는 종료됩니다. 그러므로 학생별로 진단평가 종료시간이 달라질 수 있습니다. 수업 중에 진단평가를 치르게 된다면 일찍 푼 학생은 조용히 책을 읽거나 또는 지난 단원에서 아직 '훌륭'으로 마치지 않은 차시를 '훌륭' 이상으로 만들도록 지도하면 좋습니다.

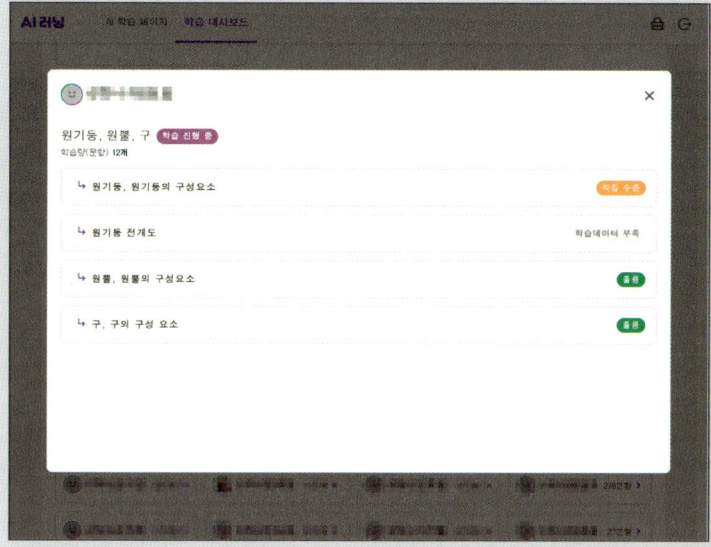

▲ 클래스팅AI 단원의 차시별 학습현황을 확인할 수 있는 대시보드

학교에서 유료 프로그램을 구입하고자 한다면

클래스팅AI는 유료 서비스입니다. 학생 수가 적다면 무리가 아니겠지만, 학생 수가 여러 명이라면 비용이 생각보다 커지기 때문에 학기 중에 예산을 준비하기는 쉽지 않습니다. 학년초에 프로그램 구입 예산을 미리 계획해 두시는 것을 추천드립니다. 학기 중에 이용해보고 싶으시다면 견적을 문의하시며 한 달 무료 체험을 신청해 보실 수도 있습니다.

- 클래스팅AI 요금제

https://www.classting.com/pricing

성취기준별 학생 성취도 진단하기, 미래엔AI클래스

미래엔AI클래스는 [성취기준]을 기준으로 학생의 성취도를 파악할 수 있습니다. 단원평가 결과를 바탕으로 종합적인 성취도를 보여줍니다. [학생별 리포트]를 보면 단원과 관련이 있는 성취기준들을 함께 알려주고, 성취기준별로 각각의 [성취도]를 수치화하여 보여줍니다. 수치화된 성취도의 우측을 보면 [수준]에서 '매우 잘함', '잘함', '보통', '노력 요함'을 함께 표시합니다.

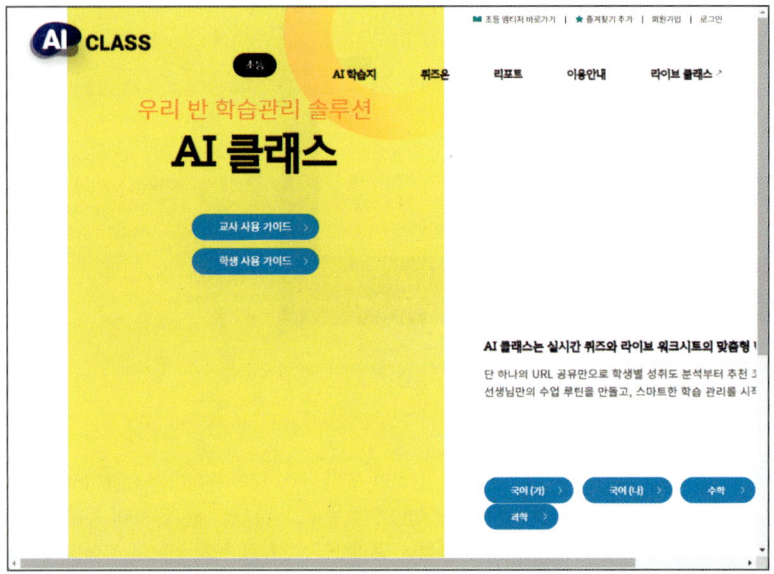

▲ 미래엔AI클래스 홈페이지

- **미래엔AI클래스** https://aiclass.m-teacher.co.kr/

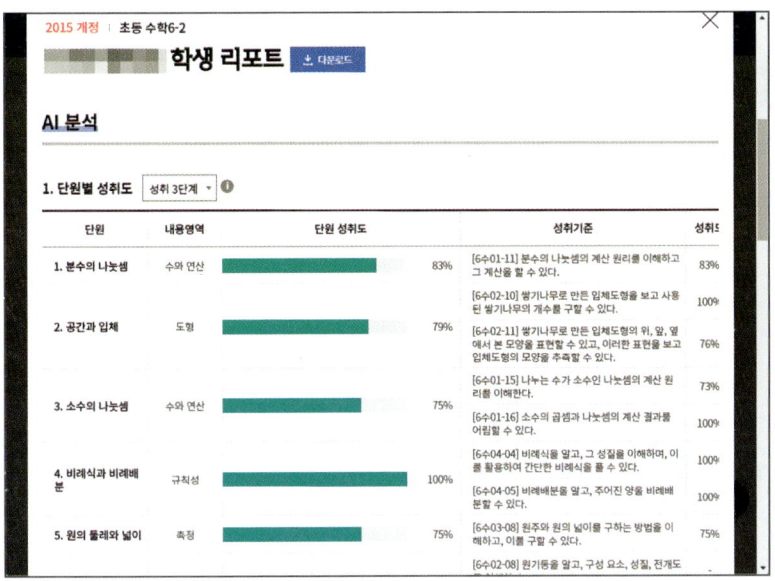
▲ 미래엔AI클래스 학생 리포트

성취기준별로 성취수준을 알 수 있다는 점은 미래엔AI클래스의 큰 매력입니다. 평가계획을 세우고 평가를 실시할 때 늘 중심이 되는 것은 성취기준이기 때문입니다. 미래엔AI클래스의 단원평가는 학생의 성취기준 달성여부를 직관적으로 파악하기에 용이합니다. 단원평가 결과를 바탕으로 학생들에게는 [맞춤 학습지]를 배부하여 수행평가 전에 보충학습을 할 수 있도록 지도할 수도 있습니다.

> **❝ 미래엔 AI 클래스는 무료**
> 미래엔AI클래스는 무료로 이용할 수 있기에 학급에서도 학기중에라도 부담없이 활용해보실 수 있습니다. 수학, 과학, 사회 교과에서 활용해보실 수 있으며, AI를 활용한 효과는 수학 교과에서 두드러집니다.

06-(3) AI코스웨어를 활용해 맞춤형 평가과제 제시하기

클래스팅AI AI평가

클래스팅AI의 AI평가는 학생들의 수준에 따라 맞춤형으로 문제를 제시합니다. 잘할 수 있는 학생에게는 조금 더 어려운 문제를, 어려워하는 학생에게는 좀 더 쉬운 문제를 줍니다. 학생들로서는 너무 쉽지도 너무 어렵지도 않은 '해볼만 한' 문제를 해결할 수 있기 때문에 효과적으로 학습할 수 있습니다. 교사로서는 학생 한명 한명을 위한 수준별 학습지를 AI가 알아서 배부해주니 학습자료를 준비하는 부담을 던 셈입니다.

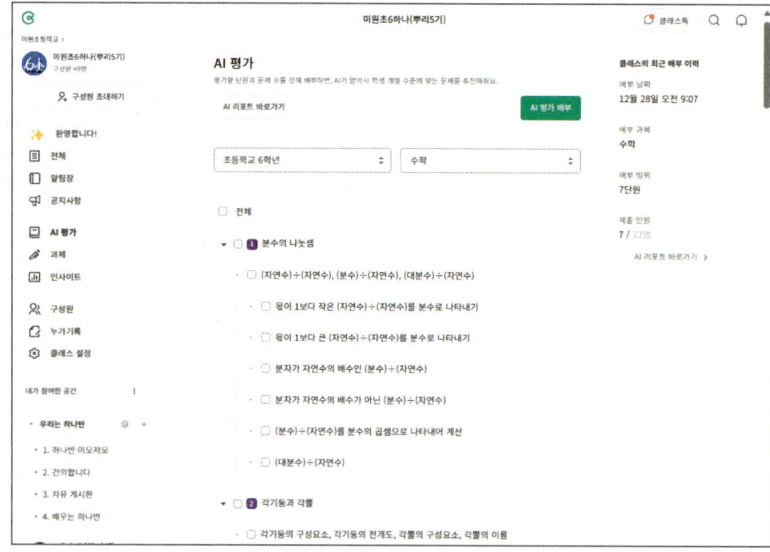

▲ 클래스팅 LMS를 통해 AI평가를 배부하는 장면

AI평가는 차시별로 최소 1개 문제에서 최대 5개의 문제를 낼 수 있고, 교사가 원하는 차시들을 혼합 선택해서 문제를 배부할 수도 있습니다. 문제의 범위와 양을 정하는 데에 자유도가 무척 높습니다. 차시 수업 후 맞춤형 형성평가로 활용해도 좋고, 수업 중에는 해당 차시의 AI평가 문제를 배부하고, 오답을 공유하는 흐름으로 동료교수학습을 운영해볼 수 있습니다. 또 단원을 마무리하는 단계에서는 개념 학습을 확인하는 용도로 단원의 모든 차시를 선택한 후, 차시별로 1~2개의 문제를 한꺼번에 배부해도 좋습니다.

▲ AI평가 문제풀이 결과

미래엔AI클래스 AI학습지 수준별 학습

미래엔AI클래스는 활동지 점수에 따라서 [심화 학습지], [반복 익히기], [기초 드릴 학습지] 등으로 다른 추가 학습지를 배부할 수 있습니다. 학생들이 입력한 답안은 자동으로 채점되며, 자신이 받은 점수에 따라 학생들은 추가 학습지를 해결하게 됩니다.

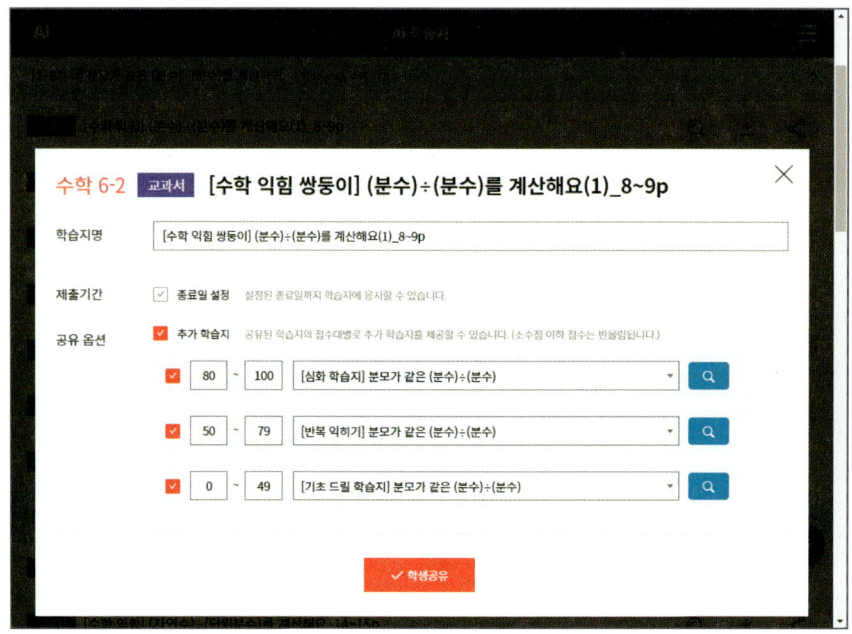

▲ 수준별 맞춤학습지 배부

또한 해당 문항에 대한 정답률도 함께 계산해주기 때문에 특정 학생이 어려워하는 유형을 파악하기 용이할 뿐만 아니라 학생들이 공통적으로 어려워하는 유형의 문제를 파악할 수도 있습니다. 난이도가 중, 하 수준인데 학생들이 많이 틀리는 유형이 나온다면 다음 진도로 나가기 전에 한번 개념을 짚어주고 배움노트에 정리할 수 있도록 지도하고 있습니다.

▲ 미래엔AI클래스 문항별 정답률 파악

> ## " AI코스웨어는 보조교사일 뿐
>
> 클래스팅AI, 미래엔AI클래스, 옥수수, 마타수학, 매쓰플랫, 매쓰홀릭, 스쿨PT 등 시중의 AI코스웨어 프로그램들은 정말 많습니다. 모두 좋은 프로그램들이기 때문에 경우에 따라 학생들이 자기주도적으로 학습할 수 있는 좋은 기회가 되기도 합니다. 스스로 공부할 수 있는 학생이라면 최상의 환경이 아닐까 생각합니다. 하지만 대부분의 학생의 경우 자기주도적인 학습능력이 부족하기 마련입니다. 수준별로 문제를 배부하는 데서 끝나는 것이 아니라 학생의 문제풀이 결과를 대시보드에서 검토하며 학습을 어려워하는 학생들을 개별적으로 지원하는 교사의 노력이 수반되어야 합니다. AI코스웨어는 그 자체로 학습을 완성시키지 않습니다. 반드시 교사의 T.O.U.C.H가 있어야 완벽해질 수 있습니다.

06-(4)
게이미피케이션으로 배움 지속하기

'게임처럼 만들기'라는 의미의 게이미피케이션은 교육뿐만 아니라 기업에서도 활용되는 방법 중 하나입니다. 힘들고 어려운 일, 재미없는 일은 누구나 하기 싫어합니다. 하지만 그 일들을 게임처럼 재미있게 할 수 있다면 지속적으로 동기를 유발할 수 있습니다. 음식을 먹기 싫어하는 아기에게 밥을 먹이기 위하여 비행기처럼 슈웅 소리도 내면서 입으로 음식을 넣어주는 것처럼, 하기 싫은 일도 즐거운 일로 둔갑하면 할 수 있게 되기도 합니다. 학생들은 자신이 어려워하고 싫어하는 과목은 하기 싫어합니다. 하지만 소개해드리는 게이미피케이션 에듀테크들을 활용하면 조금이라도 흥미를 가지고 참여할 수 있습니다. 괴롭기만 한 시간이 아니라 즐거운 시간도 있으니 말입니다.

똑똑 수학탐험대

똑똑 수학탐험대는 한국교육학술정보원(KERIS)에서 개발한 게임형 초등 수학수업 지원 시스템입니다. 탐험을 통해서 동물들을 구출한다는 스토리텔링과 만화같은 캐릭터들 등으로 동기를 유발합니다. 웹(Web)과 앱(App)으로 모두 이용이 가능하기 때문에 스마트기기와 호환도 잘 되고 학생들의 핸드폰에 다운로드 받도록 해서 가정에서도 계속 동물을 구출할 수 있습니다.

▲ 똑똑 수학탐험대 홈 화면

▲ 탐험을 통해 구출한 반달가슴곰. 스톤들을 모아서 진화시킬 수 있다

　똑똑 수학탐험대는 재미만 고려한 것이 아니라 학생들의 발달 상황까지 고려한 프로그램입니다. 초등학교 1,2학년은 키보드를 이용하는 것을 많이 어려워합니다. 타자를 치는 것 뿐만 아니라 숫자를 입력하는 것도 헷갈려 하는 경우가 많습니다. 그래서 저학년이 에듀테크를 다룰 때에는 모두 '터치'로 해결될 수 있어야 하는데, 똑똑 수학탐험대는 1,2학년들의 컨텐츠을 거의 터치로 해결할 수 있도록 지원하고 있습니다.

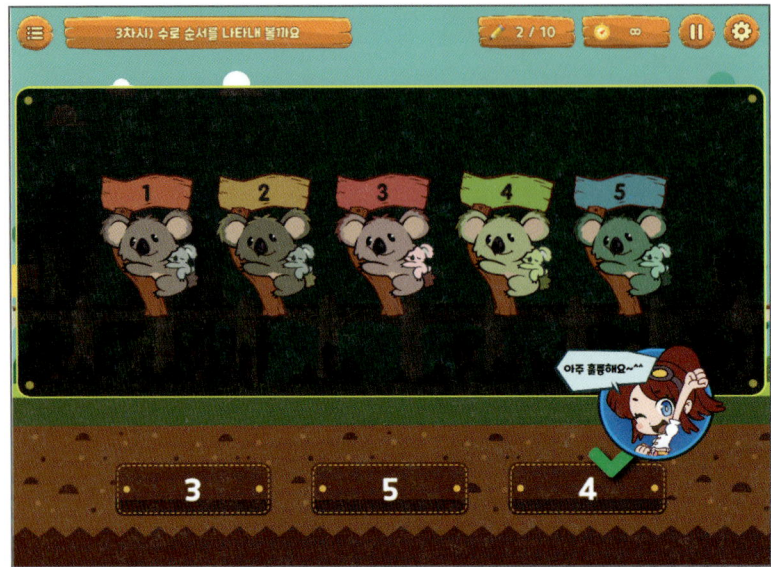

▲ 1학년 수학수업 '수로 순서를 나타내 볼까요' 장면 캡처

▲ 차시별 학습이 가능한 똑똑 수학탐험대

❝ 현재는 1학년부터 4학년까지 이용할 수 있지만, 2024학년도 상반기에는 초등 5,6학 시범운영을 거쳐 하반기부터는 사용할 수 있도록 업데이트 예정이라고 합니다. ❼

❼ 024년 똑똑 수학탐험대 서비스 안내자료(KERIS)

똑똑 수학탐험대는 교과서 컨텐츠 뿐만 아니라 진단평가 및 단원평가 기능도 지원하고 해당 기능을 교사용 대시보드에서 확인할 수도 있습니다. 2024년에는 학습 현황과 진단 평가에 대한 분석 내용을 직관적으로 볼 수 있도록 대시보드가 개선될 예정이기도 합니다.

▲ 진단평가 종료시 학생화면

▲ 똑똑 수학탐험대 2024 개선 서비스 안내자료

똑똑 수학탐험대의 [교구] 기능도 정말 좋습니다. 총 26가지의 수학교구들을 지원하고 있습니다. [수막대], [수모형]뿐만 아니라 [쌓기나무], [전개도] 역시 이용할 수 있습니다. 그 중 [전개도]에서는 한 면을 클릭했을 때 접거나 다시 펼 수 있습니다. 학생들이 전개도의 한 점과 다른 한 점이 왜 만나게 되는지 이해 못하는 경우가 많은데 [전개도] 교구를 활용하면 직접 접었다 펴면서 왜 점들이 서로 만나는지 이해할 수 있습니다.

▲ 똑똑 수학탐험대 교구들

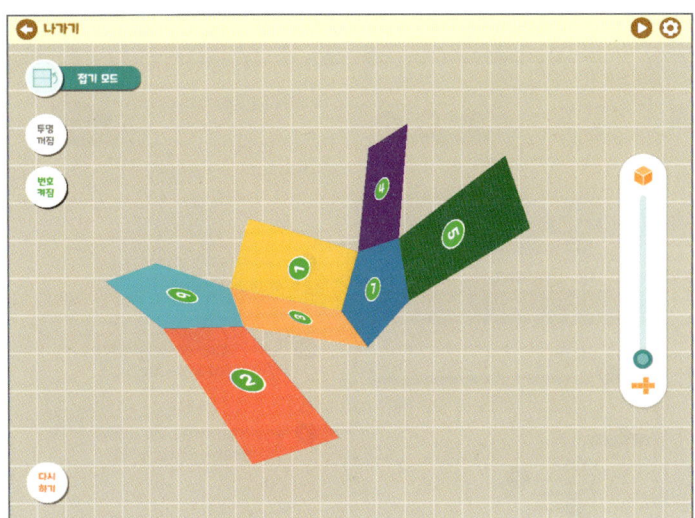

▲ 똑똑 수학탐험대 교구 중 오각기둥의 전개도

수업시간이 조금 남았을 때, 점심시간, 쉬는 시간에 학생들이 자유롭게 똑똑 수학탐험대를 할 수 있도록 허락해 주시면 시키지 않아도 즐겁게 수학공부하는 모습을 보실 수 있습니다.

알공잉글리시 플래닛

　알공 잉글리시 플래닛(이하 알공)은 영어 학습을 지원하는 에듀테크입니다. 알공의 기본적인 학습구조는 영어 학습을 통해서 얻은 보상을 활용해 캐릭터와 본인의 행성을 꾸미는 것입니다. 액티비티 존에서 듣기, 읽기, 말하기, 쓰기 영역의 공부를 하면 보상으로 스톤을 줍니다. 학생들은 자신이 모은 스톤으로 행성에 예쁜 건물을 짓기도 하고 캐릭터의 옷을 구매하기도 합니다.

▲ 알공 잉글리시 플래닛 첫 화면

▲ 산타 옷을 입은 캐릭터와 설치한 건물

　쓰기 영역 학습을 할 때에 타이핑 할 필요없이 터치로 스펠링이나 단어를 선택할 수 있게 되어있는 점도 장점입니다. 순서가 섞여있는 단어의 스펠링을 순서대로 입력하거나 문장에서 단어를 순서대로 터치하여 완성하는 등의 유형을 지원합니다.

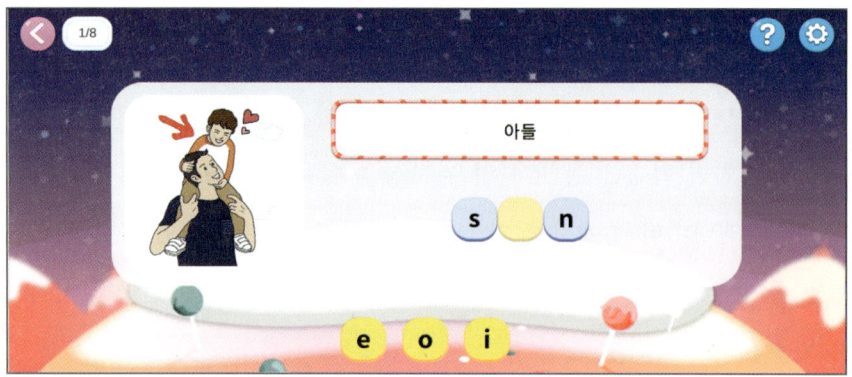

▲ 터치로 풀 수 있는 쓰기 영역 문제

▲ 알공 잉글리시 플래닛 액티비티 화면
https://www.argong.ai/

　알공은 메타버스 플랫폼이기도 합니다. 학생들은 알공 안에서 서로 만날 수 있습니다. 친구들의 행성에 놀러갈 수도 있기 때문에 하나의 행성에 여럿이 모여 술래잡기하는 장면을 보기도 합니다. 단원을 마무리 할 때에 이 기능을 활용하여 술래에게 잡힌 사람이 핵심 표현을 말하는 활동을 하기도 했습니다.

　알공의 장점은 학습내용을 출판사별로 설정할 수 있다는 점입니다. 수업시간에 배운 내용을 알공을 통해서 그대로 학습할 수 있습니다. 단점은 유료라는 것입니다. 학교장터에서 구매하여 유료로 이용할 수 있습니다. 가격이 부담되신다면 영어학습이 필요한 학생 몇 명의 라이선스만 구입하는 것도 방법입니다.

코드모스

코드모스는 코딩교육을 재미있게 학습할 수 있는 프로그램입니다. 우주에서 모험을 하는 컨셉의 스토리텔링의 요소와 문제의 보상으로 코인과 루비를 얻을 수 있고 스킨과 우주선 그리고 건물을 구입할 수 있는 보상시스템이 있습니다. 난이도별로 코딩 행성이 있고 학생들은 수준별로 자신에게 적절한 행성에 접속해서 문제를 풀 수 있습니다. 행성에서 블록 코딩을 배우는 것 외에도 펫 키우기, 미니게임, 타자연습 등의 다양한 컨텐츠가 있어 꾸준한 동기유발이 이루어진다는 점도 장점입니다. 웹(Web)과 앱(App)으로 모두 이용가능한 점도 또 하나의 장점입니다.

▲ 코드모스 로고

▲ 코드모스 상점

코드모스는 [블록코딩 챌린지]라는 5회의 이형 진단평가를 제공하기 때문에 학생들의 성장과정을 파악하기에도 용이합니다. 교사의 LMS 화면에서 평가 결과를 한눈에 알아보기 편리하고, 어떤 행성으로 가서 학습하면 좋을지 추수학습 지도에 활용할 수 있습니다.

코드모스는 행성별로 약 20개 이상의 콘텐츠가 있습니다. 충분한 반복을 통해 블록 코딩 과정을 연습할 수 있고 20여 개의 콘텐츠들은 점진적으로 난이도가 올라가도록 구성되어있어 자신의 속도에 따라 더욱 어려운 문제를 해결할 수 있습니다.

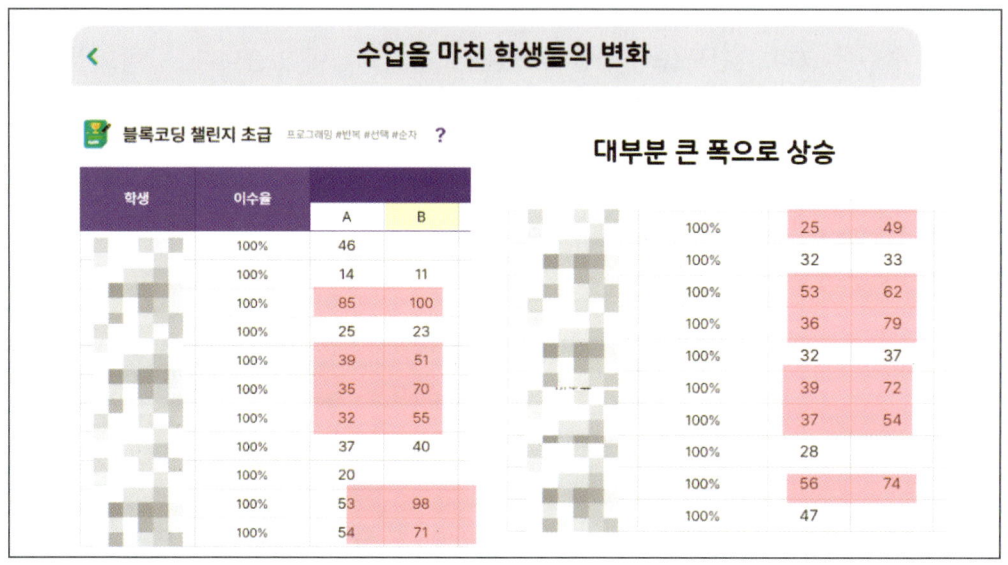

▲ A형과 B형 진단평가 결과. 대체로 점수가 상승

끝으로, 코드모스 행성은 행성별로 순차, 반복, 선택, 변수의 컨셉이 있기 때문에 교육과정 성취기준과 연계하여 수업을 설계하기에도 용이합니다.

> **❝ 코딩교육관련 성취기준**
> - [6실04-11] 문제를 해결하는 프로그램을 만드는 과정에서 순차, 선택, 반복 등의 구조를 이해한다.
> - [9정04-04] 순차, 선택, 반복의 개념과 원리를 이해하고, 세 가지 구조를 활용한 프로그램을 작성한다.
> - [9정04-03] 변수의 개념을 이해하고 변수와 연산자를 활용한 프로그램을 작성한다.
> - [12정보04-05] 순차, 선택, 반복 구조를 활용한 프로그램을 작성한다.
> - [12정보03-04] 순차 구조, 선택 구조, 반복 구조 등의 제어 구조를 활용하여 논리적이고 효율적인 알고리즘을 설계한다.

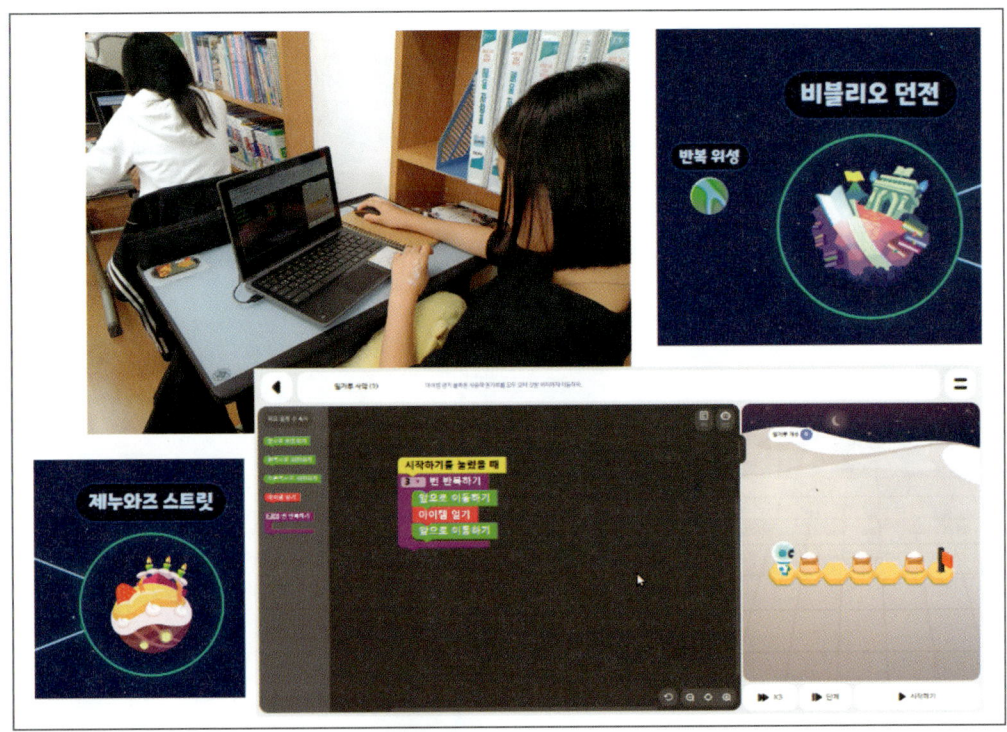

▲ 행성에서 블록 코딩을 학습하는 장면
(https://codmos.io/edctr)

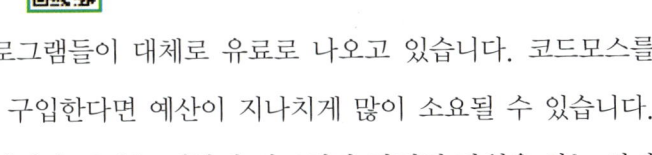

 아쉽지만 요즘은 좋은 프로그램들이 대체로 유료로 나오고 있습니다. 코드모스를 일년 내내 이용할 수 있도록 구입한다면 예산이 지나치게 많이 소요될 수 있습니다. 일년간 이용할 수 있도록 구입하기 보다는 절차적 사고력과 관련된 단원을 하는 시기에 맞추어 구입하면 예산을 효율적으로 사용할 수 있습니다.

❝ 무료로 코딩교육을 하고자 한다면? 엔트리

엔트리는 네이버 커넥트재단에서 운영하는 비영리 교육 플랫폼입니다. 엔트리의 장점은 교과서의 정보교육 차시들을 그대로 실습해볼 수 있다는 점입니다. 교과서별 페이지도 나와있기 때문에 교과서 진도에 맞게 지도하기도 수월합니다.

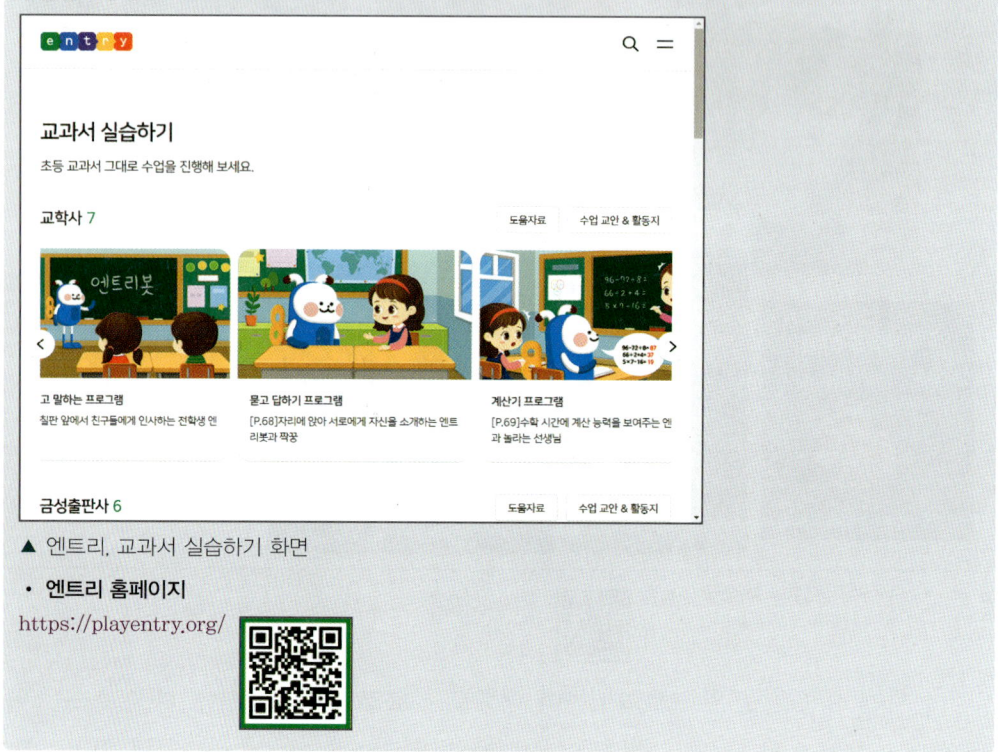

▲ 엔트리, 교과서 실습하기 화면

- 엔트리 홈페이지

https://playentry.org/

06-(5)

AI코스웨어의 한계와 가능성

문제은행 방식의 운영

AI를 활용해 학생에게 맞춤형 문제를 제공하는 경우에는 강화학습의 인공지능 알고리즘으로 학생에게 적절한 난이도의 문제를 찾아줍니다. 쉬운 문제를 틀리게 되면 비슷한 수준의 유사문제, 쌍둥이 문제들을 제공하고, 쉬운 문제를 더 이상 틀리지 않으면 더 높은 난이도의 문제를 풀 수 있도록 지원합니다. 적절한 난이도의 문제를 계속해서 접할 수 있는 것은 장점입니다. 하지만 지나친 반복학습은 개념과 풀이과정을 기계적으로 학습하게 합니다. 창의적인 문제해결력, 수학적 사고력과 의사소통능력을 마르게 합니다. 문제의 양보다는 질을 고려하여 양질의 문제를 친구들과 함께 탐구하는 시간을 가질 수 있도록 노력해야 합니다.

학습 데이터가 부족할 경우

AI의 진단과 솔루션이 효과적이기 위해서는 학생에 대한 데이터가 충분히 쌓여야 합니다. 데이터가 부족할 경우에는 학생의 수준에 상관 없이 아주 어렵거나 또는 아주 쉬운 문제가 배부되곤 합니다. 이 과정에서 일부 학생들은 지레 겁을 먹고 학습동기를 상실하기도 합니다.

가능성

　이번 장을 열며 말씀드렸던 부분을 다시 한번 강조하고 싶습니다. 교사에게 시간과 에너지는 한정적입니다. 선택과 집중을 통해 한정된 시간과 에너지를 최대한 효율적으로 이용해야 합니다. AI코스웨어를 이용하면 교사가 학습지를 배부하고 수합하여 채점하는 일에 들어가는 시간을 획기적으로 줄일 수 있습니다. 위 과정이 한 학생당 5분의 시간이 들어가는 일이라고 했을 때, 20명의 학생이 있다면 100분의 시간을 절약할 수 있습니다. 일주일에 3개의 학습지가 배부된다면 주당 300분인 5시간을 절약할 수 있는 일입니다. 교사는 절약된 시간만큼 학생들에게 집중할 수 있습니다. AI코스웨어는 정형 데이터만 수집할 수 있습니다. 문제의 정오, 입력한 답과 같이 프로그램이 인식하기 수월한 데이터를 바탕으로 학생의 상태를 판단합니다. 그러나 학생의 학습 습관, 태도 등의 문제는 비정형적으로 나타납니다. 기울여 쓴 풀이과정, 학생의 감정기복 등은 데이터로 표현되기 어렵기 때문에 AI가 알 수 없습니다. 이제 교사는 AI코스웨어를 통해 학생들을 세심하게 관찰할 시간을 갖게 되었습니다. 학습을 방해하고 있는 요인이 무엇인지, 학생의 감정상태는 어떠한지 살펴 볼 수 있습니다. 학생의 학습 방법과 방향 그리고 진로를 위한 상담시간도 가질 수 있습니다. AI코스웨어를 활용하는 것의 진정한 효과는 학생의 공부를 해결해주는 데에 있는 것이 아니라 교사가 학생을 위해 사용할 시간과 에너지를 만들어 주는 데에 있습니다.

Special Page _ AI와 디지털 전환, 교사의 역할은?

　　인공지능은 빠른 속도로 발전하며 인간의 자리를 위협하고 있습니다. 수 백 페이지의 글을 요약해주고, 필요한 기능을 뚝딱뚝딱 코딩하고, 블로그 글이나 카피라이트도 만들어줍니다. 쉽게 자동화될 수 있는 기계적인 작업 뿐만 아니라 인간 고유의 영역이라고 여겨졌던 창조성 역시 인공지능에게 자리를 내어주고 있는 실정입니다. 다가오는 인공지능이 인간의 자리를 대체하는 시국에 교사의 일자리는 어떻게 될까요?

　　2024년 2월 12일~14일에 열린 세계정부정상회의에서 엔비디아의 CEO인 젠슨 황은 AI시대의 교육법에 관한 질문에 이렇게 답했습니다.[8]
　　"인공지능이 실시간으로 통번역을 해주는 것처럼, 앞으로는 인공지능이 컴퓨터와 인간의 대화를 실시간으로 통번역해주는 시대가 올 것입니다. 중요한 것은 인공지능에게 무엇을 어떻게 명령할지 아는 능력을 갖추는 것입니다."

　　만약 교사의 역할이 단순히 '지식의 전달'에 한정된다면 교사는 금세 인공지능에게 대체될지도 모릅니다. 더 정확하고 많은 지식을 가지고 있는 것은 인공지능이고 전달한 지식을 단순 반복하게 지도하는 것만으로도 충분할 테니 말입니다.

　　그러나 교사의 역할은 '지식의 전달'에 국한되지 않고 다양하게 나타나며, 학생들에게 지식뿐만 아니라 감성적 지원과 창의성, 문제 해결 능력의 발전을 촉진하는 역할도 담당합니다. 또한 긍정적이고 동기부여가 높은 학습 환경을 조성하며, 윤리적 가치와 사회적 책임을 강조하는 역할을 수행합니다. 인공지능의 일부 기능이 교사의 역할을 도울 수는 있겠지만 교사를 완전히 대체하기는 어렵습니다.

　　"교사의 역할이 대체되었다"라고 생각하기보다는 "교사의 역할이 변화되었다."라고 인식하는 것이 바람직하다고 생각합니다. 자동화할 수 있는 부분은 인공지능의 도움을 받아 적극적으로 자동화하고, 인공지능 덕분에 벌게 된 시간을 학생을 위해 써야 합니다. 인공지능의 발전이 학생의 배움으로 이어질 수 있도록, 교사는 인간적인 강점을 활용하여 학생들을 세심하게 관찰하고 정서·학습적인 지원을 아끼지 말아야 합니다.

---

[8] 유튜브 KBS 뉴스 "엔비디아CEO 젠슨 황, "코딩공부? 난 반댈세". 왜?)

CHAPTER 07

에듀테크를 활용해 체험학습을 매력적으로

'에듀테크 활용 수업'이라는 말을 들었을 때, 우리는 교실에서 스마트기기를 활용하는 모습을 우선적으로 떠올립니다. 체육관에서 에듀테크를 활용하는 수업, 과학실에서 활용하는 수업보다는 교실에서 수업하는 모습이 더욱 쉽게 연상됩니다. 그 이유는 무엇일까요? 에듀테크는 아무래도 '테크'를 사용하는 만큼 인터넷 환경이 중요하기 때문일 것입니다. 교실과 같은 일반교실이 특별실보다는 먼저 무선AP도 설치되었고 또 꾸준히 정비되어왔기 때문에 교실을 먼저 떠올리는 것이 자연스러운 일이 되었지도 모릅니다.

▲ 교실에서 공부하는 모습. 빙(bing) 크리에이터를 통해 생성한 이미지

07-(1) 에듀테크를 교실에서만 사용할 수 있다는 착각

'교실 외에는 에듀테크 활용하기 어렵다.'라는 생각은 우리를 자연스럽게 '에듀테크 활용 수업은 교실에서만 하는 것'이라는 프레임에 가두고 말았습니다. 그래서 조금 생각의 전환을 해보았습니다. '야외 체험학습장에서 에듀테크를 활용해 보면 어떨까?' 여러 번의 체험학습을 경험해 보았을 때, 학생들은 대부분 그냥 큰 관심없이 구경만하고 돌아가곤 하였습니다. 학생들의 표정은 좋았지만 그것은 체험학습이 유의미해서라기 보다는 마치 소풍처럼 학교 밖으로 나왔기 때문이었습니다. 체험학습을 단순히 바람쐬는 시간이 아니라 의미있는 배움의 시간으로 만들기 위해서는 체험이 매력적이어야 한다고 생각했고, 그 방법으론 에듀테크가 제격이었습니다. 그리고 그 생각은 작은 노력을 통해 현실로 이어지게 되었습니다.

▲ bing 이미지 크리에이터를 이용하여 생성한 이미지. "스마트기기를 활용해 야외 현장체험학습에 참여하는 어린이들"

07-(2)
에듀테크활용 체험학습 운영하기

기기와 데이터 준비하기

　에듀테크를 이용하기 위해선 당연히 스마트기기가 필요합니다. 학교의 기기를 가져갈 수도 있지만 대체로 태블릿으로 보유하고 있기 때문에 가지고 돌아다니기는 불편합니다. 휴대성이 불편해지면 파손 가능성도 함께 따라옵니다. 기기의 문제를 어떻게 해결할지 고민하다 학생들의 핸드폰이 눈에 들어왔습니다. 대부분의 학생들이 가지고 있었고 크기가 작아 휴대하기 편했습니다. 모둠 활동으로 진행한다면 핸드폰이 없는 모둠은 나오지 않을 것 같았습니다. 그런데 문제는 데이터 였습니다. 각 가정에서는 학생들의 바른 스마트폰 사용 습관을 위해 '모바일 펜스', '구글 패밀리 링크' 등의 스마트폰 관리 어플을 이용하고 있었습니다. 하루 데이터 총량, 데이터 이용 가능 시간이 관리되고 있었기 때문에 체험학습 시간에는 이용이 어려웠습니다. 그래서 학부모님들께 도움을 요청했습니다. '학생들이 ○월 ○일에 체험학습을 갈 예정입니다. 이때 학생들의 스마트폰을 이용해 교육활동을 운영할 예정이니 학생들이 데이터 및 스마트폰을 원활하게 사용할 수 있도록 도와주시면 감사하겠습니다'라는 문자를 발송하였습니다. 모든 학부모님들께서 적극적으로 도와주신 덕분에 기기와 데이터 문제는 쉽게 해결할 수 있었습니다.

사전 학습하기 with 슬리드(Slid)

'아는 만큼 보인다.'라고 합니다. 새로운 지식은 이미 알고있는 지식과 연결지을 수 있어야 더욱 의미있게 수용할 수 있습니다. 그래서 학생들이 체험학습을 가기 전에 체험학습 장에서 공부할 내용에 대해 알아보는 시간을 가졌습니다. 선정했던 장소는 경기도 하남의 유니온파크입니다. 유니온 파크에 가기 전에 그 곳이 무슨 일을 하는 곳인지 함께 조사해 보았습니다. 이때 조사한 내용을 정리하며 사용한 프로그램이 슬리드(Slid) 였습니다.

조사 방법	인터넷 검색 및 유투브 영상 참고
정리 방법	슬리드 활용
자료 공유 방법	구글 클래스룸에 슬리드 노트의 링크 입력

▲ 슬리드 로고(https://home.slid.cc/)

> **Info**
> 하남 유니온파크는 지하에는 폐기물 처리시설과 하수처리 시설이 있고 지상에는 공원 및 산책로, 어린이 물놀이장, 다목적 체육관, 족구장 등 주민 편의 시설이 함께 있습니다. 쓰레기를 재활용하여 판매하기도 하고, 쓰레기 처리과정에서 발생하는 열을 지역의 난방열로 사용하기도 하는 등 자원의 재활용 측면에서 학생들이 배울 점이 많을 것 같아 선정하게 되었습니다.

> 슬리드는 동영상 학습 보조 프로그램입니다. 화면을 캡처하고 그 위에 필기나 메모를 할 수 있고, 캡처할 때에 타임 스탬프도 함께 남아 기억이 안나는 설명을 다시 볼 수 있습니다.

슬리드를 이용하면 영상을 학습할 때에 쉽게 메모할 수 있습니다. 버튼 하나로 자동으로 화면이 캡처되고 학생은 캡처된 화면 옆에 그대로 메모를 입력할 수 있습니다. 이때의 장점은 학생들이 영상을 봤다가 메모를 하기 위해 다시 고개를 숙이는 행동이 없어진다는 점입니다. 학생들은 작은 변수에도 주의력을 빼앗기곤 합니다. 고개를 책상에 댈 듯이 내려 종이공책 위헤 필기를 하다가 다시 고개를 들어 영상을 시청하는 일을 몇 번 반복하고 나면 쉽게 피로해지고 금세 집중력을 잃고 맙니다. 슬라이드를 통해 불필요한 동작을 제거할 수 있었던 점이 제게는 매력적으로 느껴졌습니다.

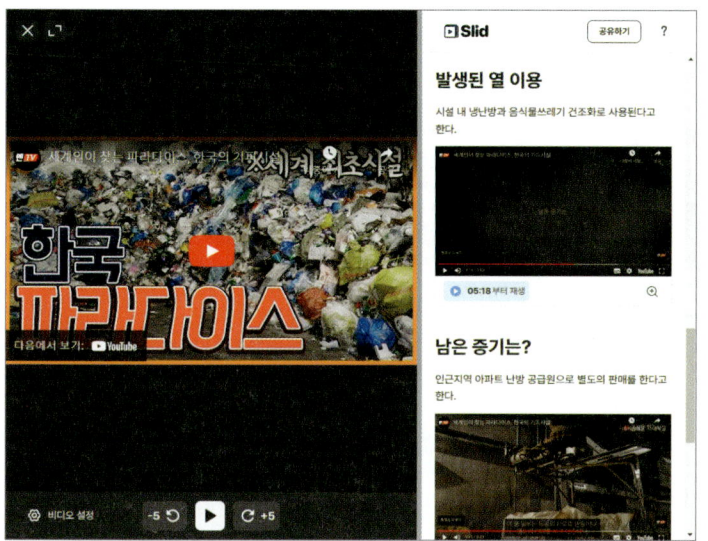
▲ 슬라이드 메모 화면

또한 정리한 내용을 본인만 보는 것이 아니라 다른 친구들과 공유할 수 있다는 점도 매력적이었습니다. 다른 친구들의 정리를 보며 잘한 친구의 메모를 참고하기도 하는 등 어깨너머로도 배울 수 있는 기회가 되었습니다. [링크로 공유하기], [노트 내용 복사] 등의 기능으로 내용을 복사한 후 구글 클래스룸에서 함께 서로 정리한 내용을 나누었습니다.

▲ 링크를 통해 메모를 공유

Chapter 07_에듀테크를 활용해 체험학습을 매력적으로 185

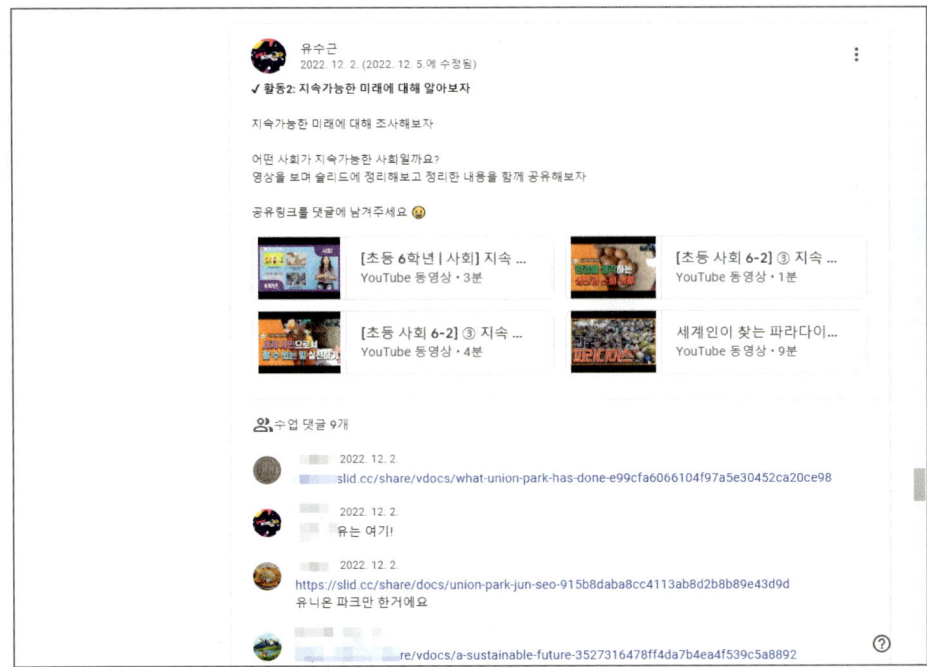

▲ 구글 클래스룸에 댓글로 링크를 공유

　슬라이드를 활용한 정리활동을 마치고 한 학생은, "언니가 중학생이 되고는 동영상 강의를 많이 보던데, 나중에 저도 중학생 됐을 때 슬라이드로 동영상 강의 공부하면 편할 것 같아요."라고 말해주었습니다. 디지털기기를 효과적으로 활용하는 공부방법을 전달해 준 것 같아뿌듯한 순간이었습니다.

> ❝ 슬라이드는 현재 유료로 이용가능하며, 체험학습 당시에는 무료 버전이었습니다. 슬라이드와 똑같이 구현하기는 어렵겠지만, 기타 웹 기반의 노트앱(원노트, 노션 등)을 사용하고 동영상 강의는 화면을 분할한 채로 사용하면 유사하게 이용하실 수 있습니다. 체험학습의 사례는 그대로 따라하시기 보다는 아이디어를 얻어가시는 데에 중점을 두시길 바랍니다.

QR코드 방탈출 지도 활동지 만들기: 라포라포

'라포라포'는 게이미피케이션 플랫폼 중에 하나로, QR코드를 이용해 방탈출 게임을 할 수 있도록 지원하는 기능을 가지고 있습니다. 교실에서 사용할 땐 QR코드를 출력하여 교실 곳곳에 보물찾기하듯 숨겨놓고 학생들이 태블릿으로 QR코드를 찾아 문제를 풀고 미션을 해결하는 방식으로 활용했습니다. 평소 다소 지루해질 수 있는 계기교육 시간이나, 단원 마무리 활동에 활용하곤 했습니다.

RAPORAPO
▲ 라포라포 로고(https://www.raporapo.com/)

▲ 교실에서 QR코드를 찾아 태블릿으로 인식하고 있는 모습

하지만 체험학습을 가서는 교실처럼 곳곳에 QR코드를 숨겨놓는 것도 쉽지 않습니다. 아이들을 두고 자리를 비울 수는 없으니 말입니다.

문득 '숨길 수 없다면 아예 손에 쥐여주면 어떨까?'하는 생각이 들었습니다. 인터넷 검색을 통해 유니온파크 지하 구조를 소개하는 지도를 찾고 그 위에 QR코드를 옮겨붙여 활동지를 만들기 시작하였습니다. 체험학습장에 전화를 걸어 견학시 안내해주실 내용을 미리듣고 참고하기도 하며 학생들이 견학내용을 꼭 들어야만 풀 수 있는 문제도 넣으며 만들었습니다.

07-(3) 체험학습장에서 방탈출 게임하기: 라포라포

사전에 학부모님들의 동의를 구했기 때문에 학생들은 문제없이 본인의 핸드폰으로 라포라포 게임에 참여할 수 있었습니다. 학생들은 교실에서처럼 숨은 QR코드를 찾아다닐 필요없이 각각 유니온파크 QR코드 활동지를 들고 다녔습니다. "지금 여기가 어디지?"라며 현재 장소와 관련된 QR코드를 인식했고 해당 장소에서 견학담당 선생님이 설명을 해주시면 "선생님께서 이것 말씀하신 거 맞지?"라며 선생님의 말씀을 놓치지 않고 한마디 한마디 귀담아 들었습니다.

학교에서 돌아가는 차 안에서는 "인생에서 제일 재미있는 체험학습이었어요"라며, "진짜 유익했고 뭔가 배워가는 체험학습이었던 것 같아요"라고 말해준 고마운 학생도 있었습니다. 이 학생에게 이번 체험학습은 잠깐 소풍나온 것이 아니라 정말로 배움이 일어나는 체험학습이었던 것입니다.

사실 체험학습장에서 마주하는 정보들은 어린 학생들만을 위해 만들어졌다기 보다는 보편적인 대중을 위해 만들어졌기 때문에 학생들로서는 다소 어렵게 느껴져 학습의욕이 떨어질 수도 있습니다. 그래서 사전학습이 필요한 것이고, 체험학습 장에서의 게이미피케이션이 필요한 것이라고 생각합니다. 요즘은 다양한 에듀테크들이 많이 개발되어 있습니다. 위 사례처럼, 몇 가지 에듀테크들을 활용해 학생들이 목적의식을 갖고 체험학습에 참여할 수 있도록 지도한다면, 학습의욕도 회복하고 정말로 '배움이 있는 체험학습'을 실천해볼 수 있을 것입니다.

> **지도를 출력해서 직관적인 보물지도 만들기**
> 또 하나의 사례로 국립중앙박물관에서 활용했던 QR코드 지도도 함께 첨부합니다. 체험학습장의 지도를 구할 수 있다면 쉽고 빠르게 QR코드 지도를 만들 수 있습니다. 학생들이 꼭 들렀으면 하는 장소에 QR코드를 넣으시면 됩니다.

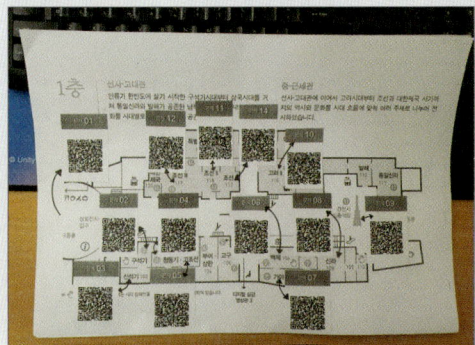
▲ 국립중앙박물관 1층 QR지도

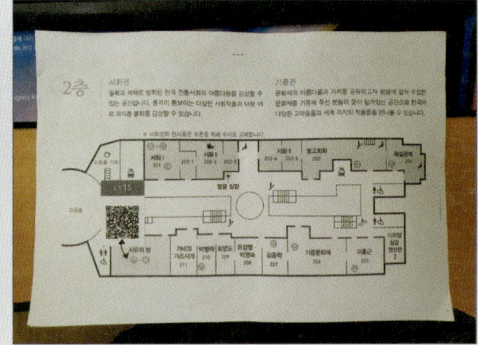
▲ 국립 중앙박물관 2층 QR지도

> **참고자료**
> 배움중심 수업의 이해와 실천 2.0, 경기도 교육청
> 배움중심 수업, 강충열 외 1인, 학지사
> 배움 중심 교육 이론과 실제, 채수형, 교육과학사
> 아하! 학생 배움중심의 수업코칭 전략, 샬롯 다니엘슨, 아카데미프레스

"이 책을 사랑하는 아내 Honey에게 바칩니다."

하이테크, 에듀테크, 교육 관련 추천 서적

누구도 소외되지 않는 모두를 위한 기초학습
에듀테크로 확! 잡는 기초학력
김현숙, 함명규, 최소윤, 유수근 공저
264쪽 | 18,000원

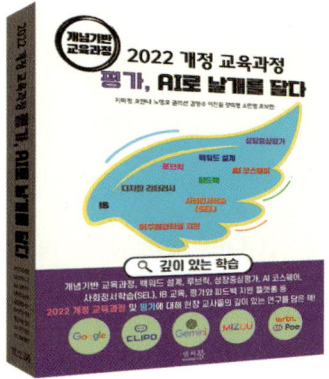

2022 개정 교육과정 평가, AI로 날개를 달다
지미정외 공저
363쪽 | 21,000원

"OECD 교육 2030" & "2022 개정 교육과정"
미래 교육 나침반
지미정 저 | 353쪽 | 17,700원

교실에서 바로 통하는
하이테크 에듀테크 미래교육 실전 활용법
김병남, 유경윤, 박민, 박준원 공저
292쪽 | 18,800원

코딩 관련 추천 도서

만들면서 배우는
40개의 엔트리 게임 + 인공지능 게임[2판]
전진아, 김수연 공저
316쪽 | 17,700원

만들면서 배우는
인공지능 엔트리와 40개의 작품들[2판]
전진아, 김수연, 김종렬, 장문철 공저
328쪽 | 17,700원

초등부터 중등까지 한 권으로 끝내는
엔트리와 40개의 작품들 [2판]
김수연, 전진아 공저 | 278쪽 | 16,600원

생성형 AI를 적용한 초등학교 에듀테크
챗GPT와 함께 만드는 초등 수업 디자인 ++
박준원외 공저 | 316쪽 | 16,500원